L'ESSENCE DU PLATONISME

J.-M. PAISSE

L'essence
du platonisme

PIERRE MARDAGA, EDITEUR
2, GALERIE DES PRINCES - BRUXELLES
37, RUE DE LA PROVINCE - LIEGE

© by Pierre Mardaga, Editeur

2, Galerie des Princes, 1000 Bruxelles
37, rue de la Province, 4020 Liège

D. 1978-0024-9

LE THEME DE LA REMINISCENCE
DANS LES DIALOGUES DE PLATON [1]

Quiconque étudie les dialogues platoniciens ne manque pas de rencontrer bientôt l'un des thèmes les plus étranges peut-être du philosophe grec : celui de la Réminiscence : « L'âme, immortelle et plusieurs fois renaissante, ayant contemplé toutes choses et sur la terre et dans l'Hadès, ne peut manquer d'avoir tout appris. Il n'est donc pas surprenant qu'elle ait, sur la vertu et sur le reste, des souvenirs de ce qu'elle en a su jadis. La nature entière étant homogène et l'âme ayant tout étudié, rien n'empêche qu'un seul ressouvenir (c'est ce que les hommes appellent savoir) lui fasse retrouver tous les autres, si l'on est courageux et tenace dans la recherche car... la science n'est au total que réminiscence » (*Ménon*, 81 D). En d'autres termes, l'esprit de l'homme n'apprend rien, il se remémore ce qu'il a contemplé jadis, en une époque où il ne s'était pas encore incarné.

[1] Ce livre reproduit le texte revu et corrigé d'un mémoire inédit, présenté à la Faculté des Lettres et Sciences humaines de l'Université de Paris, en vue du Diplôme d'Etudes supérieures de Philosophie, le 31 mai 1963. De larges fragments de ce mémoire ont déjà été publiés dans « Les Etudes classiques », tomes XXXIII, nᵒˢ 3 et 4; XXXIV, nᵒ 4; XXXV, nᵒˢ 1 et 3; XXXVII, nᵒ 1 et XXXVIII, nᵒ 3.

Ce thème dont le rôle est considérable puisqu'il constitue l'un des éléments fondamentaux de l'épistémologie platonicienne, n'a guère retenu l'attention des commentateurs, quelque paradoxal que cela puisse paraître. La plupart d'entre eux le passent sous silence ou l'envisagent comme une création du génie poétique de Platon. Ils le rangent parmi les mythes, admirables assurément de fraîcheur mais dépourvus — du moins, l'imaginent-ils — de signification philosophique. Tel est, entre autres, le point de vue d'Auguste Diès, ce grand platonisant, qui, dans un article sur la conception platonicienne de la science, ne souffle mot du thème de l'Anamnèse[2].

D'autres commentateurs ne le négligent point mais ils se hâtent d'en souligner l'apparente irrationalité. C'est ainsi que M. Bertrand Russell le rejette catégoriquement. Il affirme que la connaissance a priori (spécialement celle de la logique et des mathématiques) ne peut, pas plus que la connaissance empirique, être le fruit d'une réminiscence[3]. M. Etienne Gilson, pour sa part, se montre plus nuancé. Il déclare que « l'expérience tentée par Socrate dans le *Ménon* ne réussit qu'à condition de porter sur des connaissances purement intelligibles, c'est-à-dire accessibles au seul intellect. C'est le cas des vérités géométriques. Mais ce n'est aucunement le cas lorsqu'il s'agit de connaissances relatives à l'ordre sensible. Tous les arts pratiques, toutes les techniques présupposent une expérience des choses que rien ne peut suppléer[4] ».

D'autres commentateurs, néanmoins, se gardent d'émettre

---

[2] A. DIES, *L'idée de la science dans Platon*, in *Autour de Platon*, II, pp. 450-522.
Cela d'ailleurs ne doit point trop nous étonner si l'on songe à l'incroyable complexité de la pensée platonicienne, « étonnante coïncidence de clarté et d'obscurité également impénétrables » (Marcel DE CORTE, *La question platonicienne*, in « Revue de Philosophie », 1938 ,p. 501).
[3] B. RUSSELL, *Histoire de la Philosophie occidentale*, Paris, 1953, p. 158.
[4] E. GILSON, *Introduction à l'étude de St-Augustin*, Paris, 1931, p. 95.

semblable jugement. Loin de refuser au thème de la Réminiscence toute signification philosophique, loin de le considérer comme un simple mythe, ils lui accordent une grande attention et lui reconnaissent un rôle dans l'épistémologie du disciple de Socrate. Entre autres J. Ithurriague [5], Festugière [6], Zeller [7], M. De Corte [8], Cornford [9], Janet [10] et Kucharski [11] montrent que le thème de la Réminiscence est étroitement lié à la doctrine des Idées et qu'en fait, il en découle fort logiquement. A leurs yeux, la métaphysique et l'épistémologie platoniciennes en sont profondément marquées et en acquièrent une signification originale. Quiconque méconnaît ce thème ne peut comprendre le sens profond de ces doctrines et commet ainsi de graves contre-sens.

Mais les commentateurs dont nous venons de parler, s'ils admettent que le thème de la Réminiscence possède une réelle importance dans la pensée platonicienne, ne s'accordent guère cependant sur le rôle et la signification qu'il importe de lui attribuer. De profondes divergences se manifestent entre eux, engendrant de multiples interprétations, souvent contradictoires.

Certains voient dans le thème de l'Anamnèse l'affirmation d'un idéalisme similaire ou analogue à l'idéalisme moderne. Ils croient qu'il exprime l'autonomie cognitive de l'intelligence et l'innéisme de ses idées. A leurs yeux, le monde idéal n'est

[5] J. ITHURRIAGUE, *La croyance de Platon à l'immortalité et à la survie de l'âme humaine*, Paris, 1934, p. 43.

[6] FESTUGIERE, *Contemplation et vie contemplative selon Platon*, Paris, 1936, p. 99, note 1.

[7] ZELLER, *Plato and the older Academy*, p. 126.

[8] M. DE CORTE, *op. cit.*, p. 501.

[9] CORNFORD, *Plato and Parmenides*, p. 202.

[10] Paul JANET, *Etudes sur la dialectique dans Platon et dans Hegel*, Paris, 1861, p. 8. Ce commentateur va jusqu'à écrire : « La réminiscence est pour nous l'âme de toute la méthode de Platon. »

[11] KUCHARSKI, *Les chemins du savoir dans les derniers dialogues de Platon*, Paris, 1949, p. 280.

plus qu'une création de l'esprit qui l'hypostasie. Les Idées perdent toute réalité et ne constituent plus qu'un ensemble de relations intelligibles dont la source est l'esprit, mais elles semblent fonder les choses elles-mêmes comme si elles en étaient les principes ontologiques [12]. Dans cette perspective, Milhaud va jusqu'à établir un rapport entre Platon et Kant. Il soutient que le disciple de Socrate est un précurseur du philosophe allemand et qu'en particulier, la théorie métaphysique de la Réminiscence joue le rôle des intuitions a priori du penseur de Koenigsberg [13]. Ritchie [14] et M. Jean Wahl [15] partagent cette opinion. M. Jean Wahl écrit notamment : « La théorie des Idées est liée au mythe de la Réminiscence qui est pour Platon une façon d'exprimer le caractère a priori de la connaissance. » L'Ecole de Marbourg avec, entre autres, Natorp, défend une conception analogue [16], de même que Lutoslavsky [17] et Enriques-De Santillana [18].

[12] F. SCHILLER, *From Plato to Protagoras, Studies in Humanism,* London, 1907, p. 57.

[13] MILHAUD, *Les philosophes-géomètres de la Grèce : Platon et ses prédécesseurs,* Paris, 1934, p. 270.

[14] RITCHIE, *On Plato's Phaedo,* in « Mind », XI, p. 353.

[15] J. WAHL, *Traité de Métaphysique,* Paris, 1953, p. 393.

[16] NATORP, *Plato's Ideenlehre,* Leipzig, 1903, p. 235. Il écrit que l'idée platonicienne ne doit pas être conçue « als Ding oder Gegenstand sondern nur als Methode, die allen Gegenstand erst ermöglicht ».

[17] LUTOSLAVSKY, *The Origin and Growth of Plato's Logic,* London, 1905, p. 523. Il cite nommément Descartes et Kant comme héritiers en ce domaine de la pensée platonicienne (p. 525). Pourtant, dans un autre passage (p. 209), il déclare que le thème de la Réminiscence se fonde sur l'axiome métaphysique de l'unité de la nature auquel Socrate fait allusion dans le Ménon (81 D : « la nature entière étant homogène et l'âme ayant tout appris, rien n'empêche qu'un seul ressouvenir (c'est ce que les hommes appellent savoir) fasse retrouver (à l'homme) tous les autres si l'on est courageux et tenace dans la recherche »). Mais par la suite, Lutoslavsky n'insiste plus sur ce point important et ne cherche point à le préciser. Il paraît avoir pressenti le sens profond de l'Anamnèse mais n'a pu explorer jusqu'au bout le filon découvert.

[18] ENRIQUES et G. DE SANTILLANA, *Platon et Aristote,* Paris, 1937, p. 25.

Mais d'autres commentateurs rejettent cette assimilation anachronique. Elle altère à leurs yeux la signification de la doctrine des Idées. Celles-ci, loin de n'être que les conceptions hypostasiées de l'esprit, loin de n'avoir qu'une existence abstraite, jouissent d'une réelle autonomie ontologique, elles constituent un ensemble d'entités, indépendantes de l'intelligence, entités transcendantes et rationnelles, s'imposant à l'homme. Ces commentateurs affirment que le thème de l'Anamnèse ne peut se comprendre si l'on n'admet point la réalité ontologique du monde idéal. Parmi ces exégètes, citons Taylor [19], Fouillée [20] et Burnet [21]. A leurs yeux, l'esprit ne conceptualise l'Idée platonicienne qu'après l'avoir expérimentée comme une entité autonome et fondamentale.

D'autres commentateurs donnent au thème de la Réminiscence une signification purement psychologique. Tel, entre autres, B.A. Fuller [22]. Dans une perspective analogue, Auguste Valensin ne voit dans l'exercice maieutique tel que Socrate le développe dans le *Ménon* « qu'une tentative de faire comprendre la vérité mais non de la retrouver. Dans tout le cours de la démonstration, il ne s'agit pas de connaissances qui remontent du fond de la mémoire; ce que Socrate met en jeu, c'est uniquement sa faculté de comprendre. L'esclave ne répond jamais que par des expressions équivalentes à " oui ", " non " sauf une fois où il se trompe ». Auguste Valensin ne retire de l'interrogation socratique qu'« une intéressante et précieuse leçon de pédagogie ». Pour lui, le thème de la Réminiscence est « dépourvu de tout fondement réel » et la

19 TAYLOR (Plato, *The Man and his World,* London, 1948, p. 188, note 1) va jusqu'à préciser que « les idées ne sont pas des Idées en elles-mêmes au sens kantien du terme ».
20 FOUILLEE, *Philosophie de Platon,* Paris, 1912, I, p. 180.
21 BURNET, *Platonism,* Berkeley, 1928, p. 41, écrit : « Les Idées sont plus réelles que n'importe quelle chose. »
22 B.A. FULLER, *History of greek Philosophy,* New York, 1931, p. 466.

maieutique par laquelle Socrate tente de prouver sa thèse possède une signification exclusivement pédagogique. Elle donne un exemple de la méthode qu'un professeur doit suivre s'il veut que son élève comprenne ce qu'il lui enseigne [23]. Elle se fonde sur la psychologie particulière de chaque étudiant et vise à présenter les diverses matières d'études de telle sorte qu'elles puissent s'adapter à l'ouverture d'esprit et à la science de chaque élève, à ses capacités d'intellection et à ses goûts particuliers. Auguste Valensin ne voit dans le thème de la Réminiscence qu'une occasion pour Socrate de donner (d'ailleurs à son insu) une excellente leçon de méthodologie. Il lui refuse toute signification métaphysique et s'accorde sur ce point avec Abel Rey qui déclare que « la démonstration du *Ménon* est à la fois un modèle de géométrie méthodologique et un modèle de méthode dialectique [24] ».

Mais d'autres commentateurs n'envisagent point ce thème sous l'angle purement psychologique, pédagogique ou méthodologique. Ils le rattachent plutôt à la logique platonicienne. C'est le cas, entre autres, de Gomperz. Celui-ci affirme qu'à propos « des impressions que l'être (humain) a éprouvées dans son existence antérieure et qu'il retrouve dans la Réminiscence,

---

[23] A. VALENSIN, *Regards sur Platon, Descartes, Pascal, Blondel et Bergson*, Paris, 1953, pp. 92 et 93. Ce commentateur explicite ainsi la méthode socratique : « Il faut des intermédiaires à l'intelligence pour passer d'une vérité à une autre; et ces intermédiaires devront être plus ou moins nombreux selon la force et la qualité de l'intelligence (de l'étudiant) ... La tâche du maître est de trouver les intermédiaires et de les disposer convenablement. Pour cela, il lui faut une puissance spéciale d'analyse. Celle-ci ... est faculté d'apercevoir le détail, de décomposer un mouvement en ses mouvements élémentaires » (p. 100). La maieutique de Socrate dans le *Ménon* montre comment le maître de Platon dispose ses intermédiaires en vue de faciliter la compréhension de l'esclave en le conduisant de propositions en propositions toujours plus complexes, jusqu'à la solution — complète et définitive — du problème posé.

[24] Abel REY, *La maturité de la pensée scientifique en Grèce*, Paris, 1939, p. 222.

Platon a, pour la première fois, posé et élucidé deux lois fondamentales de l'association des idées : la loi de ressemblance et celle de contiguïté [25] ». Ce commentateur se fonde sur un passage du *Phédon* où l'on voit Socrate citer Simmias et Cébès dont l'amitié — très profonde — était connue de tous. « Arrive-t-il que l'on voie Simmias, déclare le maître de Platon, cela fait ressouvenir de Cébès. » Gomperz y voit un exemple de la loi de contiguité. Et plus loin, Socrate ajoute : « En voyant un portrait de Simmias, (on peut aussi) se rappeler Simmias lui-même » (73 DE). L'historien allemand affirme qu'il s'agit ici de la loi de ressemblance.

Mais il existe encore d'autres interprétations du thème de la Réminiscence; celui-ci n'est plus envisagé sous l'angle métaphysique, psychologique, méthodologique ou logique mais selon un point de vue purement historique. Ceux qui adoptent une telle perspective estiment que la signification du thème ne peut réellement apparaître qu'à la lumière d'une étude objective des sources platoniciennes. Ils recherchent donc les influences que le disciple de Socrate a subies lorsqu'il élabora ce que l'on appelle le mythe de l'Anamnèse. Et c'est ainsi qu'ils considèrent ce thème comme le vestige, rationnellement transposé, d'une ancienne conception religieuse du monde et de l'homme, antérieure à la naissance de l'esprit philosophique. Il représente, affirme Cornford, « une vue des sources de la connaissance plus ancienne que la doctrine médicale empirique selon laquelle la connaissance se fait à travers la science [26] ». Il désigne, à l'époque préphilosophique, une connaissance acquise par inspiration divine, par révélation immédiate du dieu à l'homme, sans la moindre intervention des sens et indépendamment de toute activité intellectuelle pro-

---

[25] GOMPERZ, *Les Penseurs de la Grèce,* trad. Raymond, Paris, 1910, p. 151.
[26] CORNFORD, *Principium Sapientiae, The Origin of greek philosophical Thought,* Cambridge, 1952, p. 61.

prement dite. Il présuppose une purification morale du poète, du prophète ou du devin que l'esprit d'en haut visite. Dépositaires des secrets du dieu, ces hommes privilégiés s'expriment en un langage obscur, tout chargé de symboles. Les mots qu'ils utilisent ne constituent point une simple transcription verbale d'une réalité qui s'en distingue. Ces mots ne font qu'un avec le monde qu'ils évoquent. Ils le rendent ontologiquement présent et créent ce qu'ils signifient. Profondément imprégnées de la force divine, les vaticinations du poète inspiré transforment l'univers et l'histoire des hommes. Elles constituent, aux yeux des anciens Grecs, le seul mode de connaissance, celui que dispense Mnémosyne, mère des Muses. Cette science suprarationnelle, cette révélation du dieu libèrent le devin des entraves et des illusions du monde sensible, elles lui permettent d'acquérir une maturité spirituelle qui l'élève au-dessus des autres hommes, et lui donnent accès aux secrets de la Nature.

Dans le cadre d'une philosophie qui se veut rationnelle et débarrassée de tout élément magique, comme entend l'être celle de Platon, le thème de la Réminiscence est le vestige, aux yeux des commentateurs dont nous parlons maintenant, d'un ensemble de conceptions mythiques et religieuses de la Grèce ancienne, au temps où les rois-prêtres dirigeaient la vie politique et spirituelle de la société et se donnaient vocation de révéler à un petit nombre de disciples (les « éveillés » pour reprendre l'expression d'Héraclite) les secrets de l'au-delà, ceux du monde invisible, le seul qui, à leurs yeux, existait réellement. Cette révélation constituait le fruit d'une longue initiation, épreuve morale autant qu'intellectuelle. Le thème de la Réminiscence est le vestige — philosophiquement transposé —, d'une conception épistémologique, florissante en un temps où les exigences d'une réflexion rigoureuse n'existaient point encore, au moment où Parménide, Héraclite et Anaxagore naissaient à peine. Témoin d'un passé tout proche, le thème de l'Anamnèse rattache la philosophie platonicienne aux courants mythologiques antérieurs, car, ne l'oublions pas, de Thalès à Platon, les critères rationnels se développèrent et acquirent assurément droit de cité, mais leur croissance se révéla très lente et subit plusieurs arrêts sinon même quelques régressions. Les premiers philosophes ne purent s'émanciper tout de suite de la tournure d'esprit ni des méthodes propres aux devins et aux poètes inspirés. Les structures de la pensée archaïque survécurent longtemps encore et imprégnèrent — beaucoup plus qu'il n'y paraît — ce qu'il est convenu d'appeler les philosophies présocratiques. Il n'est donc pas étonnant que Platon, héritier de ces philosophies [27], ait voulu rationaliser un thème appartenant à une ancienne tradition dont on sait qu'il avait le respect. C'est pourquoi M. J.P. Vernant écrit avec à-propos que « la pensée de Platon et celle d'Empédocle ne se situent pas sur le même plan mais ce que l'un prolonge directement et ce que l'autre transpose au niveau de la philosophie, c'est une même et très

---

[27] P.M. SCHUHL (*Essai sur la formation de la pensée grecque*, Paris, 1949, 2e éd.) montre fort bien que Platon est au confluent de diverses pensées antérieures. Il prouve, entre autres, « qu'un grand nombre de mythes et d'allégories platoniciennes — à commencer par la plus célèbre : celle de la Caverne — sont construits sur le schème de la proportion. Platon applique ainsi au monde transcendant le même procédé que les médecins et les physiciens d'Ionie aux processus physiques invisibles et les mathématiciens de son temps aux rapports entre grandeurs » (p. 377). Il montre aussi que « la grande opposition qui domine (les philosophies présocratiques), celle des deux courants positif et mystique » se retrouve dans Platon mais transcendée (p. 272). Elle y perd son caractère négatif et acquiert une nouvelle signification de telle sorte que les courants, au lieu de se combattre, se complètent en une structure ordonnée. Plus précisément, « nous voyons aboutir et se concentrer chez le maître de l'Académie la plupart des courants qui s'opposent jusqu'à lui : ils se combinent en son œuvre en un équilibre changeant qui fait de lui le maître à penser par excellence. Il intègre à son idéalisme finaliste le matérialisme démocritéen; à la sagesse apollinienne, il sait unir l'élan dionysiaque, au mobilisme héraclitéen l'immobilisme éléatique et une mentalité "primitive" décantée à une raison assouplie » (p. XVIII).

ancienne tradition de Mages dont le souvenir s'est perpétué à travers le pythagorisme... [28] ». « Autrefois instrument d'ascèse mystique, l'effort de remémoration vient maintenant se confondre avec la recherche du vrai... Dans la théorie de Platon, la pensée mythique se perpétue autant qu'elle se transforme [29]. »

Enfin, de même que certains commentateurs établissaient un rapport entre le thème de la Réminiscence et l'idéalisme moderne, de même quelques critiques croient apercevoir une analogie plus ou moins précise entre ce thème et certains courants de la pensée contemporaine. Tel M. J. Tenkku qui veut reconnaître en l'Anamnèse une conception que Freud reprendra : cet historien finlandais qui ne redoute point les rapprochements audacieux écrit en effet que « la doctrine platonicienne de la Réminiscence ressemble à la psychanalyse freudienne. Pour Freud, la sagesse est la découverte qu'on connaît ce qu'on pensait ne pas connaître. Pour Platon, l'aspect socratique de la sagesse est de savoir qu'on ne sait pas ce qu'on croyait savoir alors que son aspect positif est identique à la conception freudienne de la sagesse [30] ».

Telles sont, brièvement présentées, quelques interprétations du thème de la Réminiscence. Il en est d'autres sans doute, mais celles-ci nous ont paru les plus caractéristiques. Résumons-les en quelques traits avant d'aller plus loin.

La plupart des commentateurs ne parlent guère du thème de l'Anamnèse. Il ne possède, à leurs yeux, aucune signifi-

---

[28] J.P. VERNANT, *Aspects mythiques de la mémoire en Grèce*, Tiré à part du « Journal de Psychologie normale et pathologique », 1, 1959, p. 16.

[29] J.P. VERNANT, *op. cit.*, p. 25.

[30] J. TENKKU, *The Evaluation of Pleasure in Plato's Ethic*, Acta philosophica, Helsinki, 1956, p. 14, note 4.

cation philosophique et se range parmi les mythes, fruits de l'imagination platonicienne. Ces critiques estiment que de telles créations poétiques, quel que soit leur charme, ne sont point assez rigoureuses pour que l'on s'y attarde.

D'autres, frappés du rôle que Platon accorde au thème dans certains de ses dialogues, admettent que le philosophe athénien lui reconnaît une réelle signification mais ils se hâtent d'en montrer — du moins, l'imaginent-ils... — les faiblesses indéniables.

Tous ne pensent cependant point ainsi : certains estiment que le disciple de Socrate était assez perspicace pour déceler les incohérences et les contradictions d'un thème qui lui venait d'une ancienne tradition religieuse et qu'il tentait de rationaliser : il savait, aussi bien que quiconque, que nul homme jamais ne pourrait se souvenir de la date de construction de la pyramide de Khéops [31]. Si le philosophe grec a maintenu le thème de l'Anamnèse au cœur de ses dialogues les plus importants, c'est qu'il lui reconnaissait une signification philosophique, quoique peut-être malaisément décelable. Convaincus de l'importance du thème, ces commentateurs tentent d'en élucider le sens profond et en élaborent diverses interprétations.

Quelques-uns d'entre eux estiment que l'Anamnèse implique un idéalisme analogue à l'idéalisme moderne. Le thème exprimerait l'apriorisme de la connaissance humaine et l'innéisme des Idées. Celles-ci ne jouiraient d'aucune réalité propre : elles n'auraient qu'une existence purement logique.

[31] B. RUSSELL (op. cit., p. 158) écrit : Le jeune esclave (du *Ménon*) ne pouvait être amené à " se rappeler " quand les pyramides furent construites ou si le siège de Troie fut un fait historique. »
Le grand philosophe anglais prend le thème de la Réminiscence au pied de la lettre. Ce faisant, il n'a aucune peine à en souligner l'apparente inanité. Le problème demeure néanmoins, car Platon a donné sans nul doute une signification symbolique à l'Anamnèse. Il reste à la préciser.

D'autres, au contraire, pensent que l'univers idéal est métaphysiquement réel et rejettent l'interprétation précédente. Le thème de la Réminiscence ne veut nullement dire que Platon est un précurseur de Kant et de la pensée idéaliste. Unanimes à condamner semblable anachronisme, ils ne s'entendent point cependant sur la signification du thème : certains le rattachent à la psychologie ou à la pédagogie platonicienne; ils le rapprochent de la maieutique de Socrate qui ne constituerait, à leurs yeux, qu'une méthode en vue de faciliter la démarche cognitive; le rôle d'accoucheur des âmes dont se flatte le maître de Platon se réduirait à celui d'un bon pédagogue. D'autres critiques rattachent le thème à la logique platonicienne. Pour Gomperz, entre autres, il exprimerait deux lois essentielles de l'association mentale : la loi de ressemblance et celle de contiguïté. Un petit nombre, enfin, envisagent le thème sous son aspect historique. Ils reconnaissent en lui un vestige — philosophiquement transposé — d'une ancienne conception mythique des rapports de l'homme, de l'univers et des dieux. Plus précisément, le thème de l'Anamnèse leur apparaît comme un processus cognitif dont la source est une inspiration divine et qui présuppose une ascèse intellectuelle et morale, un processus cognitif en faveur à une époque où la méditation proprement philosophique ne s'était guère encore émancipée d'une manière de sentir et de penser nullement rationnelle.

Un tel faisceau d'interprétations — souvent contradictoires — ne peut manquer de retenir l'attention, pour peu qu'on ait le goût de la recherche et de la controverse. Il ne reste plus alors que d'entreprendre l'étude des textes platoniciens — tâche assurément délicate — dans l'espoir — mais n'est-il pas fallacieux ? — de préciser les données d'un problème obscur que peu de commentateurs ont encore abordé, ce qui ne facilite nullement la réalisation d'un projet peut-être trop ambitieux.

Examinons d'abord très brièvement la manière dont Platon décrit, à travers les dialogues, le processus de la Réminiscence cognitive. Relevons les nombreux passages où le philosophe athénien nous le présente et esquissons en quelques traits un premier tableau de ses caractères essentiels.

Cette analyse — nullement exhaustive — nous aidera à clarifier les données du problème.

Le thème de la Réminiscence apparaît explicitement dans trois dialogues : le *Ménon,* le *Phédon* et le *Phèdre.*

Dans le *Ménon,* Socrate tente de démontrer à son interlocuteur l'existence du phénomène d'anamnèse en interrogeant sur un problème de géométrie un jeune esclave qui n'a jamais rien appris de cette science. Par une série d'habiles questions, le maître de Platon amène le serviteur à déclarer que la diagonale d'un carré engendre un carré double du premier. Pour ce faire, Socrate s'appuie sur certains principes immédiatement connus à partir de figures tracées sur le sol : « Dis-moi, mon ami, sais-tu que cet espace est carré ? — Oui. — Et que dans un espace carré, les quatre lignes que voici sont égales. — Sans doute. — Et que ces lignes qui le traversent par le milieu sont égales aussi ? — Oui... » (82 BC).

S'engageant en une dialectique aussi lente que précise, dans laquelle il garde toujours l'initiative (l'esclave ne fait guère qu'approuver laconiquement les propositions de Socrate et celui-ci va jusqu'à lui suggérer, par deux fois, la réponse...) [32],

---

[32] Il est pour le moins étrange de souffler la réponse d'une question à quelqu'un lorsqu'on veut démontrer qu'il la connaît déjà. Cela nous

le maître de Platon réussit à mettre sur les lèvres de son interlocuteur la formule générale du calcul d'une surface : « Si
on donnait à ce côté deux pieds de long et à cet autre également deux, quelle serait la dimension du tout ? Examine
la chose comme ceci ; s'il y avait, de ce côté, deux pieds, et,
de cet autre, un seul, n'est-il pas vrai que l'espace serait
d'une fois deux pieds ? — Oui. — Mais du moment qu'on
a pour le second côté deux pieds, cela ne fait-il pas deux
fois deux ? — En effet. — L'espace est alors de deux fois
deux pieds ? — Oui. — Combien font deux fois deux pieds ?
Fais le calcul et dis-le moi. — Quatre, Socrate. — Ne pourrait-on avoir un autre espace double de celui-ci mais semblable et ayant toutes ses lignes égales aussi ? — Oui. —
Combien aurait-il de pieds ? — Huit. — Eh bien, essaye de
me dire quelle serait la longueur de chaque ligne dans ce
nouvel espace. Dans celui-ci, la ligne a deux pieds ; combien
en aurait-elle dans le second qui serait double ? — Il est
évident, Socrate, qu'elle en aurait le double... » (82 C).

L'esclave pense qu'un côté de quatre pieds engendre un
carré de huit pieds. Il se trompe évidemment et Socrate ne
manque pas de le lui faire remarquer. Le jeune homme en
éprouve un profond embarras tandis que le maître de Platon
se réjouit vivement : cette faute ne témoigne-t-elle pas de
l'objectivité dont Socrate fait preuve lorsqu'il mène l'expérience ? Cette objectivité constitue un gage en faveur de la
thèse que le moraliste grec tente d'étayer.

Au surplus, l'erreur du serviteur ne peut que lui être salutaire. Auparavant, il croyait connaître la réponse du problème
et n'eût pas hésité « à dire et répéter de confiance devant une
foule de gens que pour doubler le carré, il faut en doubler

incite à penser qu'aux yeux de Platon, le phénomène de réminiscence
ne constitue point une remémoration proprement dite mais qu'il n'est
qu'une manière toute symbolique de décrire le processus cognitif. Nous
reviendrons plus loin sur ce problème.

le côté... » (84 C). Il ignorait son ignorance. Ayant découvert son erreur, il va désormais tout mettre en œuvre pour combler ses déficiences et prendra plaisir à chercher la vérité, si difficile qu'en puisse être le chemin.

La manière dont Socrate lui fait rectifier son erreur est intéressante : « Réponds-moi, tu dis qu'une ligne double donne naissance à une surface double. Comprends-moi bien : je ne parle pas d'une surface longue d'un côté, courte de l'autre; je cherche une surface comme celle-ci : égale dans tous les sens mais qui ait une étendue double, soit de huit pieds. Vois si tu crois encore qu'elle résultera du doublement de la ligne. — Je le crois. — Cette ligne que tu vois sera-t-elle doublée si nous ajoutons en partant d'ici une autre d'égale longueur ? — Sans doute. — C'est donc sur cette nouvelle ligne que sera construite la surface de huit pieds si nous traçons quatre lignes pareilles ? — Oui... » (82 E - 83 A).

Ayant tiré sur le sol les quatre lignes en question, Socrate attire aussitôt l'attention du serviteur sur le fait que la surface initiale entre quatre fois dans le nouvel espace : « Quelle est donc d'après cela l'étendue de ce nouvel espace ? N'est-il pas quatre fois plus grand ? — Nécessairement. — Une chose quatre fois plus grande qu'une autre en est-elle donc le double ? — Non, par Zeus. — Qu'est-elle alors ? — Le quadruple. — Ainsi, en doublant la ligne, ce n'est pas une surface double que tu obtiens, c'est une surface quadruple. — C'est vrai... » (83 BC). L'esclave reconnaît son erreur et le dialogue reprend en vue de découvrir une solution plus satisfaisante.

Socrate constate d'abord que la surface primitivement recherchée est la moitié de celle obtenue en doublant le côté du carré initial. Il en conclut qu'il faut une ligne plus longue que la première mais plus courte que la seconde. L'esclave en tombe d'accord : « Parfait, déclare le maître de Platon.

Mais dis-moi : notre première ligne n'avait-elle pas deux pieds et la seconde quatre ? — Oui. — Pour l'espace de huit pieds, il faut donc une ligne plus longue que celle-ci qui est de deux pieds mais plus courte que celle qui est de quatre ? — Oui. — Essaye de me dire quelle longueur tu lui donnes. — Trois pieds... » (83 E). Sur les indications de son interlocuteur, Socrate s'empresse de circonscrire la surface de trois pieds de côté. Celle-ci égale neuf pieds mais non huit. Ce n'est donc point la ligne de trois pieds qui engendrera l'espace recherché. Devant cette nouvelle erreur, l'esclave tombe en un profond embarras. « Mais par Zeus, Socrate, s'écrie-t-il, je ne sais rien... » (84 A). Ses deux tentatives, également infructueuses, de résoudre le problème lui révèlent son ignorance : il ne sait plus où il en est, il n'a plus la moindre idée sur la solution à proposer, il ne peut que prendre les dieux à témoins de son incertitude. Ce qui réjouit fort Socrate : « Vois-tu, Ménon, déclare-t-il, quelle distance il a déjà parcourue dans la voie de la réminiscence ? Songe que d'abord, sans savoir quel est le côté du carré de huit pieds — ce qu'il ignore d'ailleurs encore — il croyait pourtant le savoir et répondre avec assurance, en homme qui sait, n'ayant aucun sentiment de la difficulté. Maintenant, il a conscience de son embarras et, s'il ne sait pas, du moins ne croit-il pas savoir. — Tu as raison. — N'est-ce pas là un meilleur état d'esprit relativement à la chose qu'il ignorait ? — J'en conviens également. — En le mettant dans l'embarras, en l'engourdissant comme fait la torpille, lui avons-nous causé du tort ? — Je ne le crois pas. — Ou je me trompe fort, ou nous l'avons grandement aidé à découvrir où il en est vis-à-vis de la vérité. Car maintenant, comme il ignore, il aura plaisir à chercher » (84 AB).

La science que l'esclave croyait posséder — science illusoire — constituait un obstacle à la connaissance de la solution véritable dans la mesure où elle faisait du jeune serviteur un être satisfait et nullement disposé à vérifier l'exactitude de ses opinions. Jusqu'au moment de son interrogatoire, il se montrait sûr de lui et « n'eût pas hésité à dire et à répéter de confiance devant quiconque que pour doubler un carré, il faut en doubler le côté... » (84 C). En lui montrant qu'il se trompe, Socrate lui permet de faire retour sur lui-même et de rechercher la vérité avec d'autant plus d'ardeur que l'embarras où l'a jeté le maître de Platon le pique en son amour-propre.

Une première conclusion s'impose donc : le phénomène de réminiscence cognitive ne s'opère point sans faux pas ni difficultés. Il arrive que l'esprit, encombré d'opinions incontrôlées mais d'autant plus difficiles à déraciner, hésite, se trompe et avoue finalement son impuissance. Il lui faut tout remettre en question et prendre un nouveau départ. Ce n'est qu'à ce prix qu'il pourra — enfin — découvrir la vérité.

Remarquons encore que le serviteur, quoiqu'il prenne lui-même conscience de son erreur, ne joue néanmoins qu'un rôle assez limité dans la dialectique où l'entraîne Socrate. Il se contente le plus souvent d'approuver les suggestions de son interlocuteur sans élaborer une réponse vraiment personnelle aux questions socratiques. Ses réparties sont pour le moins laconiques (« oui », « non », « en effet », « assurément », ...) et n'expriment aucune réminiscence. Loin d'en appeler à la mémoire de l'esclave, Socrate ne lui pose que des questions oratoires. Il sollicite son intelligence et veut lui faire découvrir l'exactitude de ce qu'il lui suggère. La façon dont il l'interroge incite le serviteur à donner son assentiment et à reconnaître comme vraie une succession de petites évidences aisées à comprendre. Il ne s'agit donc point, malgré les apparences, d'un interrogatoire proprement dit, mais d'un entretien dialectique durant lequel Socrate engage l'esclave à comprendre et à faire sien un ensemble de vérités partielles, découlant l'une de l'autre. Le phénomène de réminiscence cognitive tel que Socrate nous le présente ne peut donc s'identifier au processus ordinaire de remémoration. Le considérer comme un acte proprement mnémique, vouloir le prendre au pied de la lettre, apparaît donc comme une erreur profonde : Socrate lui-même, dans l'exemple qu'il nous en donne, nous montre qu'il ne conçoit point le phénomène de réminiscence cognitive comme une remémorisation pure et simple. Le thème de l'Anamnèse tel qu'il nous l'expose dans le *Ménon* possède une signification symbolique que le maître de Platon ne précise point mais qu'il postule dans la mesure où il suggère à l'esclave la réponse aux questions qu'il lui pose : la suite de l'interrogatoire nous le montre bien : le serviteur ne fait qu'approuver ce que Socrate lui propose. Qu'on en juge : Après avoir tracé sur le sol trois nouveaux carrés égaux au premier, le maître de Platon déclare : « Cette ligne que nous traçons d'un angle à l'autre dans chaque carré, ne les coupe-t-elle pas en deux parties égales ? — Oui. — Voici donc quatre lignes égales qui enferment un nouveau carré. — Je le vois. — Réfléchis : quelle est la dimension de ce carré ? — Je ne le vois pas. — Est-ce que dans chacun de ces quatre carrés, chacun de nos lignes n'a pas séparé une moitié en dedans ? Oui ou non ? — Oui. — Et combien y a-t-il de ces moitiés dans le carré du milieu ? — Quatre. — Et dans celui-ci ? — Deux. — Qu'est-ce que quatre par rapport à deux ? — C'est le double. — Combien de pieds alors a ce carré-ci ? — Huit. — Et sur quelle ligne est-il construit ? — Sur celle-ci. — Sur la ligne qui va d'un angle à l'autre dans le carré de quatre pieds ? —Oui. — Cette ligne est ce que les sophistes appellent la diagonale. Si telle est son appellation, c'est la diagonale qui, selon toi, esclave de Ménon, engendre l'espace double ? — Oui... » (84 D - 85 B).

Aux yeux du philosophe athénien — et malgré les apparences — le serviteur n'éprouve point une anamnèse proprement dite : la manière dont Socrate mène l'épreuve nous le prouve à suffisance, il sait fort bien que l'esclave ne bénéficie d'aucune réminiscence : ce dont en apparence il se souvient se trouve dans les questions que lui pose le maître de Platon. Le jeune homme possède seulement les capacités intellectuelles qui lui permettent de comprendre les raisonnements socratiques et de découvrir la manière dont on construit le carré double d'un carré donné. Au moment où Socrate commence son interrogatoire, le serviteur ne connaît point la règle (tout en pensant la connaître), mais il se révèle capable de la retrouver, de l'élaborer pour peu qu'on l'interroge adroitement. La tâche du maître de Platon se réduit à lui montrer le bon usage de son intelligence, Socrate est vraiment, ainsi qu'il le dira dans le *Théétète,* « l'accoucheur » des esprits.

Le sage athénien tire alors les conclusions de son expérience : « Que t'en semble, Ménon ? At-il exprimé une seule opinion qu'il n'ait tirée de lui-même ? — Aucune. Il a tout tiré de son propre fonds. — Et cependant, il ne savait pas, nous l'avons reconnu tout à l'heure ? — C'est vrai. — C'est donc que ces opinions se trouvaient déjà en lui. N'est-il pas vrai ? — Oui... » (85 BC).

Sitôt tirées les conclusions de l'expérience, Socrate précise que l'esclave ne jouit encore que d'une connaissance confuse « surgie comme dans un rêve ». Il importe donc, pour qu'il acquière une science dépourvue d'incohérence, de l'interroger souvent et de diverses manières sur les mêmes sujets, lui imposant ainsi un effort de recherche plus considérable encore. Ce n'est qu'à cette condition qu'il finira par posséder une « science aussi exacte qu'homme du monde » (85 C).

L'anamnèse cognitive n'est donc pas, aux yeux de Platon, un phénomène que l'on éprouve aisément. Elle exige de celui qui s'y consacre un effort patient et obstiné, un effort qui peut se relâcher quelquefois et se heurter aux obstacles que constituent les opinions fausses, si difficiles à extirper. Elle exige de l'esprit une habileté dialectique qui ne se laisse point mettre en défaut et qui approfondit sans cesse la recherche, de telle manière que celle-ci ne s'égare jamais. L'intelligence, soumise à cette discipline aussi féconde que douloureuse, passe de l'opinion fausse à l'opinion vraie, puis de cette dernière à la science authentique, rationnellement fondée.

Mais Socrate ne s'attarde pas seulement à montrer la manière dont se développe le phénomène de réminiscence cognitive, il ne s'attarde pas seulement à nous en préciser les conditions d'éveil, il entreprend de nous en dévoiler les implications métaphysiques : « Cette science que l'esclave possède maintenant, déclare-t-il, ne faut-il pas (Ménon), ou bien qu'il l'ait reçue à un certain moment, ou bien qu'il l'ait toujours eue ? — Oui. — Mais s'il l'a toujours eue, c'est que toujours aussi il a été savant, et s'il l'a reçue à un moment donné, ce n'est sûrement pas dans la vie présente. A-t-il donc eu par hasard un maître de géométrie ? Car c'est toute la géométrie et même toutes les autres sciences qu'il retrouvera de la même façon. Est-il quelqu'un qui lui ait tout enseigné ? Tu dois bien, j'imagine, le savoir et d'autant mieux qu'il est né et a grandi chez toi. — Je suis bien certain qu'il n'a jamais eu de maître. — Oui ou non, cependant, a-t-il ces opinions ? — Il semble incontestable qu'il les a, Socrate. — S'il ne les a pas acquises dans la vie présente, il faut bien qu'il les ait eues dans un autre temps et qu'il s'en trouvât pourvu d'avance. — C'est probable. — Ce temps n'était-il pas celui où il n'était pas encore homme ? — Oui. — Si donc, avant et pendant sa vie, il faut qu'il y ait en lui des opinions vraies qui, réveillées par l'interrogation, deviennent des sciences, n'est-il pas vrai que son âme a dû les avoir acquises de tout temps ? Il est clair en effet que l'existence et la non-existence de l'homme embrassent toute la durée. — C'est évident. — Ainsi donc, si la vérité des choses existe de tout temps dans notre âme, il faut que notre âme soit immortelle. C'est pourquoi nous devons avoir bon courage et ce que nous ne savons pas actuellement, c'est-à-dire ce dont nous avons perdu le souvenir, nous efforcer de le rechercher et d'en retrouver la mémoire... » (85 D - 86 B).

Ménon vient de reconnaître que Socrate n'a rien enseigné au serviteur mais que celui-ci, sous la conduite du maître de Platon, a tout tiré de son propre esprit; cette science, il la possédait déjà mais d'une manière inchoative : il en jouissait dans la mesure où il était capable, judicieusement conduit par un maître avisé, de la découvrir, de la recréer pour son propre compte. Aux yeux de Socrate, le thème de la réminiscence signifie que l'esprit humain possède les lumières qui lui permettent de faire œuvre cognitive. Il signifie que l'homme jouit de la faculté de pouvoir découvrir et comprendre les rapports entre les choses, sans que personne ne les lui enseigne à proprement parler. En d'autres termes, — ainsi que nous le verrons plus loin — une homogénéité profonde unit l'esprit et le monde rationnel, une telle homogénéité permet à l'homme de retrouver l'univers idéal dans la mesure où elle apparaît comme une connivence ontologique que Socrate met en relief lorsqu'il affirme dans le *Phédon* : « ce qui est divin, immortel, intelligible, ce dont la forme est une, ce qui est indissoluble et possède toujours en même façon son identité à soi-même (notations qu'il attribue aux Idées en un autre passage du dialogue : 78 AB), voilà à quoi l'âme ressemble le plus... » (80 B).

De la faculté humaine de retrouver la science du monde idéal sans qu'autrui n'intervienne, Socrate tire une conclusion métaphysique essentielle : l'âme, déclare-t-il, est immortelle puisqu'elle n'a pu acquérir la possibilité de connaître l'univers des Idées qu'en un temps antérieur à son incarnation. A ses yeux, le phénomène de réminiscence ne possède donc pas seulement une signification épistémologique, il joue également un rôle dans la métaphysique platonicienne puisqu'il postule l'immortalité de l'âme et l'homogénéité de la nature tout entière (*Ménon*, 81 C). Cette homogénéité apparaît lorsque l'on découvre que les divers éléments de la réalité se révèlent complémentaires, de telle sorte qu'une connivence ontologique les unit malgré leur indéniable diversité. Seule, cette homogénéité fondamentale permet à l'âme humaine de connaître l'univers idéal, elle seule fait en sorte que l'effort cognitif de l'homme porte ses fruits : « La nature entière étant homogène et l'âme ayant tout appris, rien n'empêche qu'un seul ressouvenir (c'est ce que les hommes appellent savoir) lui fasse retrouver tous les autres, si l'on est courageux et tenace dans la recherche; car la recherche et le savoir ne sont au total que réminiscence. » (81 D).

Mais Socrate ne manque pas d'indiquer la source d'une telle conception : « Je la tiens, dit-il, de prêtres et de prêtresses ayant à cœur de pouvoir rendre raison des fonctions qu'ils exercent... de Pindare encore et d'autres poètes en grand nombre, tous ceux qui sont vraiment divins. Ils disent que l'âme de l'homme est immortelle et que tantôt, elle sort de la vie, — ce qu'on appelle mourir — et tantôt, elle y rentre de nouveau, mais qu'elle n'est jamais détruite... Ainsi, l'âme, immortelle et plusieurs fois renaissante, ayant contemplé toutes choses et sur la terre et dans l'Hadès, ne peut manquer d'avoir tout appris. Il n'est donc pas surprenant qu'elle ait sur la vertu et sur le reste des souvenirs de ce qu'elle en a su précédemment... » (81 BC).

Socrate joint donc le phénomène de la réminiscence à la doctrine de la métempsycose ou de la transmigration des âmes. Il reconnaît que ce thème appartient à un antique courant de pensée propre aux cercles de prêtres, de poètes et de théologiens. Il souligne qu'un tel thème n'est point une création personnelle mais qu'il se situe dans le prolongement de théories et de croyances indéniablement religieuses que les penseurs présocratiques connurent, dont ils ne purent tout à fait s'affranchir et qu'ils transmirent — presque malgré eux —

à leurs successeurs. Socrate recueillit cet héritage mais ne se fit pas faute de le transformer profondément, dans la mesure où il tenta de rationaliser l'antique conception de la réminiscence en lui donnant une structure plus authentiquement philosophique.

Mais une question se présente, que nous n'avons pas encore abordée, quoiqu'elle fût logiquement la première à se poser; à propos de quoi et en quelles circonstances Socrate introduisit-il dans le *Ménon* le problème épistémologique ? A qui veut-il répondre quand il nous expose le thème de la réminiscence ? Il nous a paru judicieux de retarder l'examen de ce problème afin de pouvoir en souligner l'importance et de mieux comprendre l'intérêt que Socrate lui porte.

Le maître de Platon introduit le thème de la réminiscence au moment où il s'attache à réfuter le raisonnement bien connu des sophistes : « On ne peut, argumentent ces derniers, chercher ni ce qu'on connaît, ni ce qu'on ne connaît pas; ce qu'on connaît, parce que, le connaissant, on n'a pas besoin de le chercher; ce qu'on ne connaît pas, parce qu'on ne sait même pas ce qu'on doit chercher » (80 E).

Socrate ne peut admettre ce raisonnement. « Il ne faut point croire cette argumentation sophistique, déclare-t-il, elle nous rendrait paresseux et ce sont les lâches qui aiment à l'entendre. Au contraire, ma croyance (en l'existence du phénomène de l'anamnèse) exhorte au travail et à la recherche... » (80 E). Il refuse un tel raisonnement, car celui-ci perd toute valeur dès que l'on admet le thème de la réminiscence : ce dernier implique, nous l'avons vu, l'existence de l'âme préalablement à son incarnation, cette âme a donc pu acquérir la faculté de connaître le monde idéal en un temps où elle n'était encore qu'une substance purement spirituelle, libre de toute entrave sensible. Il en résulte, aux yeux du philosophe athénien, que l'argument sophistique tombe à faux : en une époque antérieure à la venue de l'âme sur la terre, certains rapports ont existé entre l'univers des Idées et l'esprit humain, une affinité ontologique (résultant de l'homogénéité de la nature) les unit l'un à l'autre. C'est ce que Socrate reconnaît quand il déclare que « ces opinions, s'il (l'homme) ne les a pas acquises dans la vie présente, il faut bien qu'il les ait eues dans un autre temps et qu'il s'en trouvât pourvu d'avance » (85 E - 86 A).

Le maître de Platon se fonde sur le phénomène d'anamnèse cognitive pour combattre et tenter de détruire un argument particulièrement redoutable qui, reconnu exact, ruine de fond en comble science, morale et action humaine, un argument qui anéantit toute métaphysique et aboutit au relativisme le plus absolu, au scepticisme le plus stérile. Le thème de l'anamnèse est la réponse platonicienne au nihilisme et au pragmatisme exacerbé des sophistes que les contradictions et les incohérences des philosophes antérieurs avaient profondément déçus. Ce thème revêt dans la pensée de Platon une importance d'autant plus grande qu'il constitue une tentative de résoudre un problème parmi les plus difficiles de la philosophie éternelle.

Mais le tableau des principaux traits du phénomème de réminiscence cognitive tel que le *Ménon* nous le brosse demeurerait incomplet si nous ne mentionnions pas, pour terminer, quelques réflexions symptomatiques du maître de Platon.

Socrate reconnaît, malgré l'expérience tentée sur l'esclave et apparemment réussie, qu'un doute subsiste en son esprit. Le processus cognitif constitue assurément un acte mnémique — qu'il ne faut d'ailleurs point identifier au phénomène de remémoration proprement dit, mais sa nature profonde demeure aux yeux du maître de Platon confuse et obscure. Certains de ses éléments mériteraient d'être précisés, peut-être gagneraient-ils à être corrigés : « Il y a, déclare Socrate, dans mon discours, des points sur lesquels, à vrai dire, je n'oserais être tout à fait affirmatif... » (86 B). Le maître de Platon ne les précise pas, il en admet seulement l'existence et avertit son interlocuteur : ses conceptions épistémologiques ne peuvent encore se formuler avec toute la clarté et la rigueur désirables; un grand nombre d'éléments demeurent confus, certains d'entre eux ne pourraient sans doute résister à un examen plus approfondi. De nouvelles analyses, plus attentives, plus circonspectes, menées selon une méthode plus rigoureuse, s'avèrent donc indispensables. Elles seules peuvent nuancer ou corriger une conception épistémologique sans doute encore trop peu élaborée [33].

Mais Socrate, tout en affichant une attitude réellement empreinte de lucidité et de modestie scientifique, n'entreprend point ces analyses; il se contente d'en suggérer l'utilité. Pour notre part, nous pouvons en tirer une indication précieuse : au moment où Platon écrivait le *Ménon,* la signification du thème de la réminiscence demeurait floue en son esprit, il n'avait pu encore rationaliser et intégrer en son épistémologie ce qu'une ancienne tradition philosophico-religieuse lui avait légué.

Si l'on veut résumer ce que le *Ménon* nous apprend sur le thème de l'anamnèse, nous dirons tout d'abord que Socrate veut prouver l'exactitude d'une conception épistémologique selon laquelle l'esprit n'apprend rien mais se souvient de ce qu'il a contemplé jadis, en un temps où il ne s'était pas encore incarné. Pour ce faire, le maître de Platon soumet un problème de géométrie à un serviteur qui n'a jamais étudié cette science. Par d'habiles questions et sans rien lui enseigner, Socrate fait en sorte que le jeune homme découvre la formule

---

[33] Ce point mériterait de plus amples développements. Nous ne pouvons hélas, nous y attarder. Nous espérons y revenir en un prochain travail.

permettant de construire un carré double d'un carré donné. Cette conception épistémologique, transposition rationnelle d'une antique tradition selon laquelle toute connaissance des secrets de la Nature s'opère par réminiscence, fruit d'une inspiration divine, implique l'immortalité de l'âme et l'homogénéité ontologique de l'esprit et du monde idéal, homogénéité qui apparaît comme la condition sine qua non du phénomène de réminiscence cognitive, source de toute sagesse. Le thème de l'anamnèse constitue ainsi une réponse à l'argument des sophistes qui prétendent qu'on ne peut rien connaître de ce que l'on ignore totalement. Socrate précise enfin que le phénomène de réminiscence ne se produit pas sans heurts ni difficultés, il ne peut naître si l'esprit ne reconnaît point auparavant son ignorance foncière, d'autant plus redoutable qu'elle est le plus souvent inconsciente.

Dans le *Phédon* où apparaît également le thème de la réminiscence, le maître de Platon entend, cette fois, non point démontrer l'existence réelle du phénomène d'anamnèse, mais prouver l'immortalité de l'âme. Pour ce faire, à l'argument des contraires exposé plus haut dans le dialogue [34], le philo-

---

[34] Le *Phédon* développe ainsi l'argument des contraires : d'après une antique tradition, les âmes renaissent de ceux qui sont morts et passent alternativement de l'Hadès à la terre et de la terre à l'Hadès, de la vie au trépas et du trépas à la vie. Ainsi que le déclare Socrate, « la naissance des vivants n'a absolument pas d'autre origine que les morts ». Le contraire naît de son contraire. Cela est vrai de l'être humain, mais on peut le vérifier pour tout ce qui existe; entre autres, pour le beau et le laid, pour le juste et l'injuste, pour le grand et le petit; n'est-il pas vrai qu'une chose ne devient belle, juste ou grande qu'après avoir été non-belle, c'est-à-dire laide, non juste, c'est-à-dire injuste, non-grande, c'est-à-dire petite, « n'est-il pas vrai que lorsqu'elle devient plus petite, c'est qu'un état antérieur où elle était plus grande doit donner naissance postérieure à un état où elle sera plus petite ? Nous connaissons dès lors ce principe général de toute génération que de choses contraires, naissent celles qui leur sont contraires » 70 B - 71 A).

sophe athénien joint celui de la réminiscence. Ce thème, à ses yeux, constitue la preuve de l'existence de l'âme en un temps antérieur à son incarnation, dans la mesure où il implique que l'esprit a pu contempler l'univers idéal au moment où il ne s'était pas encore joint à un corps. Le *Phédon* corrobore ainsi le *Ménon* qui affirmait déjà la préexistence de l'âme.

Au moment où l'un des interlocuteurs, Cébès, introduit l'argument de l'anamnèse, Socrate, s'interrogeant sur le processus cognitif, recherche la source de toute connaissance; prenant un exemple, il se demande d'où nous acquérons la science de ce qui est égal et de ce qui ne l'est pas [35]. Certes, déclare-t-il, l'égalité que nous découvrons dans le monde

[35] Aux yeux de Socrate, il est nécessaire que l'esprit ait une connaissance préalable de l'Égal en soi s'il veut découvrir les égalités sensibles. Le maître de Platon déclare : « — ... Nous affirmons sans doute qu'il y a quelque chose qui est égal, non pas, veux-je dire, un bout de bois et un autre bout de bois ni une pierre et une autre pierre ni rien enfin du même genre, mais quelque chose qui, comparé à tout cela, s'en distingue : l'Égal en soi. Devrons-nous affirmer que c'est quelque chose ou nier que ce le soit ? — Nous devrons, bien sûr, l'affirmer, par Zeus, à merveille. — ... Mais dis-moi. En va-t-il de la sorte, pour nous, avec les égalités (sensibles) ? Ces égalités se manifestent-elles à nous de la même façon que la réalité de l'Égal en soi ? Leur manque-t-il quelque chose ou rien, de cette réalité ? — Hé, il leur en manque beaucoup... »
L'imperfection de l'égalité sensible nous empêche de découvrir cette égalité, il est donc nécessaire que nous connaissions l'Égal en soi avant d'avoir sous les yeux l'égalité matérielle. Cette connaissance préalable nous permet de reconnaître tout à la fois l'écart existant entre l'Égal en soi et l'égalité sensible, et le désir de cette dernière de s'approcher au plus près de l'Égal en soi : « — ... avant de commencer à voir, à entendre, à sentir de toute autre manière, nous avons dû, en fait, acquérir de quelque façon une connaissance de l'Égal en soi et dans sa réalité même; oui, pour qu'il nous soit ensuite permis de rapporter à cette réalité-là les égalités qui proviennent de la sensation, en nous disant que c'est à toutes leur envie d'être telles qu'est cette réalité et qu'elles lui sont cependant inférieures. — Conséquence nécessaire, Socrate, de ce qu'on a déjà dit ... — C'est donc, semble-t-il, avant de naître que nécessairement nous avons acquis (la connaissance de l'Égal en soi). — C'est ce qui semble. — Ainsi, n'est-ce pas, c'est

sensible nous apparaît comme une égalité réelle mais elle demeure toujours radicalement concrète, particulière et par suite imparfaite : « N'arrive-t-il pas, nous demande-t-il, que des pierres ou des bouts de bois se montrent, sans changer, tantôt égaux et tantôt inégaux ?... » (74 B). Cette égalité sensible, possédant certains caractères de ce qui lui est foncièrement contradictoire, ne peut donc constituer la source de notre connaissance de l'Egal puisqu'elle n'est point une égalité absolue. Il n'en reste pas moins que nous possédons, en notre esprit, une science certaine de ce qu'est une égalité. Il faut donc que nous l'ayons acquise en une époque antérieure à notre incarnation. La connaissance de l'Egal en soi, distinct de l'égalité sensible, nous permet de découvrir cette dernière, trop contingente et trop imparfaite pour que nous la reconnaissions en tant que telle : il nous faut l'aide d'une notion plus précise qui constitue l'Egal en soi, cet Egal intelligible et libéré de toute sujétion au monde sensible. Socrate généralise alors et déclare qu'il en va de même pour le Bien, le Beau, le Juste et d'autres Idées analogues. Il ajoute qu'au

donc que nous connaissons, et avant de naître et aussitôt nés, non point seulement l'Egal et le Grand et le Petit, mais encore, ensemble, tout ce qui est de la même sorte ? Car ce qui concerne actuellement notre argument, ce n'est pas l'Egal plutôt que le Beau en soi, le Bon en soi, le Juste et le Saint, et généralement, selon mon expression, tout ce qui, par nous, est marqué du sceau de "Réalité par soi", aussi bien dans les questions qu'on pose que dans les réponses qu'on fait ... — C'est bien cela ... — En revanche, on pourrait bien, je pense,supposer que cette acquisition antérieure à notre naissance, nous l'avons perdue en naissant mais que par la suite, en usant de nos sens à propos des choses en question, nous ressaisissons la connaissance qu'au temps passé, nous avions acquise. Dès lors, ce que l'on nomme "s'instruire" ne consisterait-il pas à retrouver un savoir qui nous appartient ? Et sans doute, en donnant à cela le nom de "réminiscence" n'emploierions-nous pas la dénomination correcte ? — Hé, absolument ... — Les hommes se ressouviennent-ils de ce qu'en un temps passé, ils ont appris ? — Nécessairement. — ... Les âmes, Simmias, existent donc, par conséquent, antérieurement à leur existence dans une forme humaine, séparées des corps et en possession de la pensée. (74 E - 76 C).

moment de notre venue sur terre, leur connaissance s'est, en nous, évanouie. Seul, l'univers sensible peut réveiller la science idéale, non qu'il constitue la source réelle de notre connaissance (rappelons-nous que l'égalité sensible, trop imparfaite, se révèle incapable de nous révéler l'Egal en tant que tel) mais il apparaît comme l'occasion qui permet à l'homme de retrouver la science idéale. Il joue, si l'on ose cette comparaison, le rôle d'un catalyseur grâce auquel l'esprit et l'univers des Idées renouent contact. Au début de son effort de remémoration cognitive, l'homme prend appui sur le monde sensible mais il l'abandonne bientôt, car ce monde concret ne peut l'aider longtemps; favorable au début du processus d'anamnèse, son influence se révèle néfaste et stérilisante pour peu qu'elle se prolonge [36].

Le processus cognitif apparaît dès lors comme une réminiscence dans la mesure où nous nous souvenons de l'Egal, du Beau, du Juste et d'autres Idées analogues en découvrant dans le monde sensible, des personnes ou des choses égales, belles ou justes, il apparaît comme une réminiscence dans la mesure où nous devons faire retour sur nous-mêmes et posséder en notre esprit les notions intelligibles de l'Egal, du Beau et du Juste. Il apparaît enfin comme une réminiscence (toujours en un sens évidemment symbolique) dans la mesure où existe entre l'univers idéal et notre esprit une connivence ontologique qui constitue la source et le fondement de ce processus cognitif.

[36] L'univers sensible constitue assurément le point de départ du phénomène de réminiscence. Il contribue à renouer les rapports de l'âme et des Idées. Occasion de science, il ne possède cependant rien d'intelligible. Il est ce dont l'esprit ne peut se passer au début de son cheminement vers la Sagesse et ce qui, pourtant, se révèle aussi dangereux que stérile, monde illusoire, à la fois utile et inefficace. Il demeure étranger au processus cognitif qui cependant n'aurait pu débuter sans son intervention préalable, il acquiert une signification dès qu'il renvoie à un au-delà de lui-même, dès qu'il réussit par l'apparition du phénomène d'anamnèse, à se faire oublier...

Notons enfin que le dialogue dont nous parlons maintenant contient une allusion à l'expérience que Socrate tente dans le *Ménon* : Cébès ne déclare-t-il pas en effet : « Il existe vraiment une preuve, entre toutes magnifique (de la réminiscence cognitive). On interroge un homme : si l'interrogatoire est bien mené, de lui-même, il énonce tout comme cela est réellement. Et pourtant, s'il ne s'en trouvait en lui une connaissance et un droit jugement, il serait incapable de le faire. Passe ensuite aux figures et autres moyens du même genre et voilà de quoi déclarer avec toute la certitude possible qu'il en est bien ainsi... » (73 AB).

Si nous voulons résumer les traits sous lesquels le thème de la réminiscence nous apparaît dans le *Phédon,* nous dirons d'abord que, tout comme dans le *Ménon,* Socrate s'appuie sur cette conception épistémologique pour étayer sa croyance en l'immortalité de l'âme. L'esprit ne peut acquérir une connaissance réelle s'il n'applique point au monde sensible les critères de l'Egal, du Beau, du Juste et d'autres analogues, notions qui lui ont été données en une existence antérieure à son incarnation. L'égalité, la beauté et la justice que l'intelligence perçoit dans l'univers sensible sont trop particulières et contingentes pour lui fournir ces notions intelligibles. Ombre des Idées, le monde matériel ne peut que suggérer et rappeler d'une manière toujours imparfaite) les réalités idéales. Il constitue en quelque sorte le catalyseur qui permet à l'esprit et à l'univers intelligible d'entrer en contact. Son rôle est profondément paradoxal dans la mesure où il apparaît tout à la fois comme utile et superflu, nécessaire et nuisible.

Dans le *Phèdre,* enfin, nous constatons que Socrate identifie le phénomène de réminiscence cognitive à l'acte de réflexion scientifique ou philosophique. Il affirme « qu'une intelligence d'homme doit s'exercer selon ce qu'on appelle Idée en allant d'une multiplicité de sensations vers l'unité dont l'assemblage est l'acte de réflexion », cet acte consistant « en un ressouvenir des objets que jadis notre âme a vus, lorsqu'elle s'associait à la promenade d'un dieu, lorsqu'elle regardait de haut tout ce à quoi dans notre présente existence nous attribuons la réalité, et qu'elle levait la tête vers ce qui est réellement réel... » (249 BC).

Socrate, dans ce texte capital, assimile le phénomène de réminiscence au processus dialectique grâce auquel la science et la philosophie se constituent. Ce processus dialectique va du multiple à l'unité selon un principe conducteur que le maître de Platon nomme Idée. Il opère la réduction progressive de nombreuses sensations et découvre l'unité qui les constitue, les fonde et les explique. Il révèle ainsi un principe général qui résume toutes ces sensations, apparemment hétérogènes. Il unifie en une structure rationnelle ce qui est pur mouvement, pure inintelligibilité, pure multiplicité.

Tout comme dans le *Phédon* et le *Ménon,* Socrate affirme que le phénomène de réminiscence implique la préexistence de l'âme, préexistence durant laquelle, « en compagnie d'un dieu », elle a pu contempler les réalités intelligibles. Le maître de Platon, tout en se refusant à décrire l'âme en tant que telle, donne une image de ce qu'elle était, libre encore de toute attache corporelle : « Cette image donc est celle de je ne sais quelle force active naturelle qui unit un attelage à un cocher, soutenus par des ailes... Pour nous, c'est premièrement, d'un attelage apparié que le conducteur est cocher; ensuite, des deux chevaux, l'attelage en a un qui est beau, bon, et formé de tels éléments tandis que la composition de l'autre est contraire et contraire sa nature. Il s'ensuit que, dans notre cas, c'est nécessairement un métier difficile et ingrat que celui de cocher... » (246 B). Socrate affirme en outre que chaque âme-attelage monte, à la suite d'un dieu, vers les régions supérieures du ciel d'où elle peut contempler les réalités idéales. Cette montée, aisée pour une divinité, se révèle pénible et dangereuse pour l'âme humaine. Une part d'elle-même, en effet (le mauvais cheval), l'alourdit sans cesse et l'entraîne en arrière, vers la terre. Contrariant son ascension, les convoitises charnelles ne manquent pas de la séduire et accumulent les obstacles sur la route qui la mène aux Idées. De telle sorte que l'âme, tirée à hue et à dia, est à peine capable de contempler les réalités intelligibles, elle ne les voit qu'un court moment, les distingue mal et n'en aperçoit qu'une partie. Bousculée, piétinée par d'autres attelages, elle sombre au sein du remous qui l'entraîne et quitte la voûte céleste dans la hâte et la confusion. Accablée de fatigue et toute meurtrie, elle s'éloigne définitivement et c'est l'opinion — illusoire et fragile — qui désormais la guidera [37].

Socrate use ainsi de termes imagés pour nous décrire la manière dont l'âme humaine acquiert la connaissance du monde idéal en une époque antérieure à son incarnation. Il oppose la montée de l'âme — pénible et cahotée — à celle des dieux, aisée autant qu'efficace. Il montre que l'intelligence n'acquiert qu'une sagesse toujours imparfaite. Elle se révèle en effet partagée entre deux impulsions contradictoires : la première l'incite à suivre les dieux et à conquérir l'univers des Idées, la seconde l'entraîne de tout son poids vers la terre et ses réalités captieuses. L'on voit donc — et c'est une chose que l'on ne remarque pas assez — que l'âme humaine, avant toute incarnation, se trouve tiraillée entre deux tendances également puissantes, quoique contradictoires. Une partie d'elle-même penche vers les réalités sensibles avant même de les avoir concrètement expérimentées. L'âme n'est donc pas seulement induite en tentation après avoir goûté aux

---

[37] Nous avons consacré un chapitre de notre livre *Psycho-pédagogie de la lucidité* (Pierre Mardaga éd., Liège-Bruxelles, 1976) à l'étude de ce mythe, capital dans la pensée platonicienne.

charmes du monde matériel, mais elle-même — du moins, une part d'elle-même — se détourne de l'univers des Idées, indépendamment de toute influence charnelle. Le monde sensible n'est donc point le seul corrupteur de l'âme : celle-ci se révèle responsable de sa propre déchéance. Contrairement à ce que l'on a coutume d'affirmer, le corps n'est donc point son unique adversaire, il n'est point seul à lui faire trahir sa véritable patrie; une part d'elle-même, préalablement à son incarnation, tend à l'éloigner du monde idéal et à détruire en elle le moindre germe de vie spirituelle [38].

Tout comme dans le *Ménon,* Socrate joint le thème de la réminiscence à celui de la transmigration des âmes. Si l'homme contemple les réalités idéales avec une acuité suffisante pour bien les connaître, il est exempt d'une réincarnation immédiate. Si au contraire l'esprit n'a pu que les entrevoir, il se voit condamné à revenir rapidement sur terre. Il pénètre alors en un corps d'homme ou d'animal selon qu'il a pu jouir plus ou moins de la contemplation des Idées. Une gradation se manifeste en effet dans les réincarnations suivant le degré de vision atteint par chaque intelligence lors de sa promenade céleste. L'âme que le destin a favorisée d'une contemplation relativement longue des réalités éternelles (insuffisante néanmoins pour lui éviter tout retour immédiat sur terre) s'incarnera en un homme épris de sagesse et de beauté. Une autre, moins privilégiée, deviendra un roi ou un chef de guerre. Une troisième, moins bien partagée encore, un politicien ou un financier. Et ainsi de suite, en decrescendo, jusqu'à l'âme qui revêtira l'enveloppe charnelle d'un sophiste ou d'un dictateur (248 CE).

Platon nous dévoile ainsi que toutes les âmes ne peuvent se flatter d'éprouver une réminiscence égale puisqu'elles se

---

[38] Ce point nous paraît essentiel. Nous ne pouvons malheureusement, dans le cadre de cette étude, le développer davantage. Nous espérons le reprendre à l'occasion d'un prochain travail.

sont révélées incapables d'obtenir une vision identique des Idées : certaines ont contemplé les réalités éternelles d'une manière beaucoup plus complète que d'autres; c'est pourquoi chacune de ces privilégiées redevient un homme épris de sagesse et de beauté. Cette inégalité (que nous retrouvons explicitée en un autre passage du dialogue) est à la base de la hiérarchie, très stricte, que Platon entend établir entre les humains, hiérarchie que nous remarquons dans son œuvre politique au moment où il dresse les plans de la cité idéale, hiérarchie à la tête de laquelle il place le philosophe, cet homme qui possède tous les caractères d'un « élu », d'un être séparé du « vulgaire », héritier — beaucoup plus qu'il n'y paraît — des anciens devins, que ses concitoyens ont tendance à railler, mais qui est le seul, cependant, aux yeux de Platon, à découvrir la Vérité éternelle.

De même que dans le *Phédon,* Socrate insiste sur l'ambiguïté du monde sensible, utile et néfaste à la connaissance de l'univers idéal. Les objets qui nous tombent sous le sens constituent une occasion autant qu'un obstacle à la naissance et au développement du processus de remémoration cognitive : « Ce qu'il y a de sûr, déclare le maître de Platon, c'est que Justice, Sagesse et tout ce qu'il y a encore de précieux pour les âmes ne possèdent aucune luminosité dans les images de ce monde-ci. A grand-peine, au contraire, de troubles instruments permettent-ils, et même à un petit nombre de gens, de recourir aux représentations de ces objets pour contempler en elles les traits de famille que ces représentations ont gardés ... Quant à la Beauté, depuis notre venue en ces régions (terrestres), c'est elle encore sur qui nous avons eu prise au moyen de celui qui est le plus clair des sens que nous possédons, elle-même brillamment éclairée d'une suprême clarté. De fait, la vision est la plus aiguë des perceptions qui nous viennent par l'intermédiaire du corps; mais la Pensée, elle ne la voit point.

Quelles inimaginables amours celle-ci ne nous donnerait-elle pas, si pareillement elle donnait elle-même quelque claire image qui parviendrait à la vue et ainsi des autres réalités, toutes aimables autant qu'elles sont. Mais non : seule la Beauté a obtenu ce lot de pouvoir être ce qui est le plus en évidence et ce dont le charme est le plus aimable » (250 BD).

Le monde sensible ne peut nous révéler les Idées, il ne peut que les évoquer d'une manière toujours imparfaite et foncièrement inadéquate. Il n'est que l'occasion pour l'homme d'entreprendre son effort de remémoration, il ne peut, dans la meilleure des hypothèses, que nous renvoyer à l'Idée pour autant qu'il nous rende manifeste l'écart existant entre lui-même et cette Idée. C'est l'imperfection de l'univers sensible qui nous invite à le dépasser, à découvrir un au-delà du monde matériel, un au-delà qui en rendrait raison tout en le transcendant, tout en le purifiant. Mais cette imperfection ne pourrait jouer un tel rôle si nous ne possédions point en notre esprit les critères qui nous permettent de la découvrir et de la dépasser. Le processus cognitif apparaît dès lors comme une réminiscence (en un sens naturellement symbolique) dans la mesure où notre intelligence doit, en quelque sorte, réveiller au plus profond d'elle-même ces critères grâce auxquels nous abandonnons le monde sensible pour atteindre l'univers des réalités purement intelligibles, l'univers des Idées.

Dans le même contexte, Socrate met en exergue un autre aspect, non moins important, du thème de la réminiscence. Il déclare : « C'est en usant adroitement de pareils moyens de souvenance (passer d'une multiplicité de sensations à l'unité de l'Idée) qu'un homme dont l'initiation à de parfaits mystères est toujours parfaite, est seul à devenir réellement parfait. Mais comme il s'écarte des objets où tend le zèle des hommes et qu'il s'attache à ce qui est divin, la foule lui remontre qu'il a la tête à l'envers alors qu'il est possédé d'un dieu; mais la foule ne s'en rend pas compte... La conclusion, c'est que, entre toutes les forces de possession divine, celle-ci se révèle être la meilleure en même temps que faite des meilleurs éléments. Mais trouver dans les choses de ce monde-ci le moyen de se ressouvenir de celles-là n'est pas aisé pour toute âme ni pour toutes celles qui n'ont eu qu'une brève vision des choses de là-bas ni pour celles qui, une fois tombées en ce lieu-ci, ont été assez malheureuses pour se laisser tourner à l'injustice par on ne sait quelles fréquentations et pour y trouver l'oubli des augustes objets dont, en ce temps-là, elles ont eu la vision; il n'en reste qu'un petit nombre auquel appartienne en suffisance le don du souvenir. Mais quand il arrive à celles-ci d'apercevoir une imitation des choses de là-bas, elles sont hors d'elles-mêmes et ne se possèdent plus... A la vérité, celui qui n'est pas franchement initié ou bien qui s'est laissé corrompre n'est point vif, d'ici, à se porter là-bas, vers la Beauté en soi, quand il contemple ce à quoi, en ce monde-ci, est appliqué son nom. Aussi, n'est-ce point avec vénération qu'il tourne dans cette direction ses regards; mais au contraire, s'abandonnant au plaisir, il agit en bête à quatre pattes, il se met en devoir de saillir et d'engrosser et, se familiarisant avec la démesure, il ne craint pas, il n'a pas honte de poursuivre un plaisir contre nature » (250 AE).

Remarquons d'abord que l'homme acquiert la perfection morale et intellectuelle grâce au phénomène de réminiscence, celui-ci étant considéré comme une initiation à de parfaits mystères, initiation de caractère incontestablement mystique, analogue sinon semblable, à celles — fort nombreuses — que connut la Grèce et qui formaient, chacune, un ensemble de révélations, de rites et de pratiques assurant à l'initié l'espoir — si point la certitude — du salut. Le phénomène d'anamnèse, transposition rationalisée d'une antique tradition mystique, n'engendre point un ensemble de connaissances exactes, dépourvues de tout caractère moral ou religieux, mais il constitue une éducation complète où les éléments d'une culture scientifique se mêlent à ceux d'une formation proprement éthique et culturelle, où les premiers n'acquièrent une signification et ne contribuent à l'élévation spirituelle de l'homme que dans la mesure où ils se soumettent aux seconds et s'accompagnent d'une grande pureté de mœurs. Le phénomène de réminiscence nous apparaît donc comme une source d'épanouissement total, aussi bien éthique que religieux, ce dernier aspect étant particulièrement mis en relief par Socrate lorsqu'il assimile le phénomène d'anamnèse à un délire divin qui s'empare de l'homme, ce délire étant le meilleur de tous ceux qu'envoie la divinité; le processus de réminiscence s'identifie réellement à « l'enthousiasme » entendu en son sens étymologique, c'est-à-dire à l'envoûtement de l'âme par une puissance supérieure [39]. L'homme n'est donc plus tout à fait lui-même, il passe pour un fou aux yeux de la foule qui le raille. Il devient au propre comme au figuré un « illuminé »...

Si tout ceci est exact, le phénomène de réminiscence n'est plus seulement (comme dans les textes du *Ménon,* du *Phédon* et du *Phèdre* que nous avons déjà cités) un exercice dialectique, œuvre exclusive de la raison raisonnante. Il n'est plus seulement le fruit d'une activité purement intellectuelle, il appartient au domaine de l'irrationnel où nous pouvons ranger l'inspiration, l'intuition et la divination. Il constitue un processus de connaissance d'ordre mystique dont les critères se distinguent de ceux qui inspirent et régissent l'activité rationnelle.

Le texte que nous venons de citer nous apprend encore que la réminiscence cognitive est un don et qu'elle ne s'obtient qu'au prix de patients efforts. C'est pourquoi elle n'est le privilège que d'un petit nombre d'esprits; le commun des mortels ne peut jamais acquérir une réminiscence totale, une

---

[39] Enthuziazein : « être inspiré par la divinité » (Boisacq).

science parfaite des réalités éternelles. Cette idée ne nous est pas inconnue : nous l'avons déjà rencontrée, implicite, dans le passage du *Phèdre* où Socrate décrit la préexistence de l'âme humaine et nous donne les lois de la réincarnation. Ce qui n'était encore que suggéré dans ce premier texte devient parfaitement explicite dans celui-ci. Le philosophe athénien ajoute seulement une raison qui justifie cette inégalité : certaines âmes, affirme-t-il, lorsqu'elles se sont réincarnées, se corrompent par de mauvaises fréquentations et oublient « les augustes objets qu'elles contemplèrent autrefois ». Elles se laissent prendre au mirage du monde sensible et se ravalent ainsi au rang de « bêtes à quatre pattes ». L'illusion devient pour elles réalité, de telle sorte qu'elles constituent aux yeux des amis de la Sagesse autant d'exemples pitoyables de l'influence corruptrice du monde sensible.

Si l'on veut résumer en quelques lignes ce que le *Phèdre* nous enseigne sur le thème de la réminiscence, nous dirons que l'anamnèse nous apparaît dans ce dialogue sous deux aspects essentiels quoique fort différents l'un de l'autre. Elle est d'abord un processus cognitif dialectique grâce auquel notre intelligence, passant de la multiplicité des sensations à l'unité du principe qui les résume et les explique, acquiert la science authentique, celle des réalités idéales. Elle est aussi une expérience mystique, d'ordre irrationnel, grâce à laquelle la divinité révèle à l'être humain ce que ses facultés strictement intellectuelles ne pourraient comprendre et expliciter. Par là, elle opère une katharsis qui concourt à l'épanouissement spirituel de l'homme et lui permet de découvrir la Vérité éternelle.

Telles nous apparaissent, brièvement analysées, les allusions au thème de la réminiscence que nous rencontrons dans le *Ménon,* le *Phédon* et le *Phèdre.* Nous nous sommes abste-

nus en ces premières pages de les étudier longuement, dans
la pensée que nous devions d'abord en dresser un tableau
sommaire quoique aussi complet que possible afin de réunir,
brièvement exposés, les traits principaux d'un thème apparemment étrange mais qui n'en possède pas moins une signification particulière au sein du platonisme.

Mais le thème de l'anamnèse n'apparaît pas seulement dans
les trois dialogues dont nous venons de parler. Quoique d'une
manière beaucoup plus discrète, d'autres œuvres le mention-
nent aussi, brèves allusions que nous devons signaler rapidement, dans la mesure où il nous est impossible de laisser dans
l'ombre quoi que ce soit qui pourrait éclairer la signification
du thème de la réminiscence.

Dans le *Banquet*, nous voyons Diotime, l'étrangère de Man-
tinée, détailler à Socrate les étapes du processus dialectique,
grâce auxquelles l'âme humaine arrive à la contemplation de
la Beauté idéale. L'amant, dit-elle, s'élève progressivement de
la beauté d'un corps à celle de plusieurs, de cette beauté à
celle de l'âme, puis à celle de l'action morale, puis à celle
de la philosophie pour avoir enfin la révélation soudaine de
la Beauté idéale « dont l'existence est éternelle, qui ignore
la génération et la destruction et qui n'est pas infectée par
des chairs humaines, par des couleurs, par mille autres sor-
nettes mortelles... » (211 B). Au moment d'entamer ce processus dialectique, Diotime met Socrate en garde : sans doute,
affirme-t-elle, les premières phases de ton initiation à la
Beauté ne présenteront pour toi aucune difficulté. Mais je
ne pourrais en dire autant des étapes suivantes. Cette contemplation « qui constitue le but final des premières instruc-
tions (à condition qu'on suive la bonne voie), je ne sais, dit-
elle, si elle est à ta portée ». Elle lui promet cependant de

lui parler sans réserve et de se consacrer totalement à sa tâche d'initiatrice : « A toi, précise-t-elle, de me suivre dans la mesure de tes moyens... »

Elle affirme tout d'abord que l'initiation doit commencer dès la prime jeunesse. La première tâche du maître consciencieux est d'orienter le jeune esprit vers la beauté corporelle; beauté d'un être unique. Mais s'en tenir à cette beauté particulière n'aboutirait à rien. Le jeune homme risquerait de s'enliser dans les plaisirs terrestres. Il convient donc qu'il découvre que cette beauté individuelle est en tous points semblable à celle d'autres corps, à celle d'autres créatures, de telle sorte qu'il prenne conscience qu'une seule et même Beauté se révèle en tous. L'ayant compris, il aimera cette Beauté universellement répandue et se libérera de son premier amour dans la mesure où celui-ci, trop exclusif, l'empêcherait d'avancer dans la voie de l'initiation. « Après quoi, c'est la beauté dans les âmes que l'esprit estimera plus précieuse que celle qui appartient aux corps : au point que, s'il advient qu'une gentille âme se trouve en un corps sans éclat, il se satisfait d'aimer cette âme (et) de s'y intéresser. » Il comprend en effet que la beauté spirituelle dépasse celle de la chair « et c'est assez maintenant pour le contraindre d'envisager ce qu'il y a de beau dans les occupations et les règles de conduite », grâce auxquelles les âmes se rendent aimables et vertueuses. Arrivé à cette étape de l'initiation, au moment où il découvre la beauté d'une action réellement spirituelle et soumise aux exigences d'une éthique rigoureuse, l'esprit comprend la pauvreté de celui qui ne peut s'affranchir de l'esclavage d'une beauté charnelle. Cet homme, rivé aux charmes captieux d'un corps périssable, ne peut atteindre la beauté d'une âme éprise de sagesse. Au contraire, l'esprit de celui qui aura eu le bonheur de dépasser cette première étape, se sentira attiré par la beauté des sciences philosophiques, grâce auxquelles l'âme des hommes se rend aimable.

A ce moment, « quand il aura été mené jusqu'à ce point-ci par l'instruction dont les choses d'amour sont le but, quand il aura contemplé les belles choses, l'une après l'autre aussi bien que suivant leur ordre exact, celui-là, désormais en marche vers le terme de l'institution amoureuse, apercevra soudainement une certaine beauté d'une nature merveilleuse, celle-là même, Socrate, dont je parlais et qui, de plus, était justement la raison d'être de tous les efforts qui ont précédé; beauté à laquelle, premièrement, une existence éternelle appartient, ... qui, en second lieu, n'est pas belle en ce point, laide en cet autre, pas davantage belle tantôt et tantôt non, ni belle non plus sous tel rapport et laide sous tel autre ... et ce n'est pas tout encore : cette beauté, il ne se la représentera pas avec un visage par exemple ou avec des mains ni avec quoi que ce soit d'autre qui appartienne à un corps, ni non plus comme un discours ou comme une connaissance, pas davantage comme existant en quelque sujet distinct, ainsi dans un vivant soit sur la terre soit au ciel ... mais il se la représentera plutôt en elle-même, éternellement jointe à elle-même par l'unicité de la forme... » (210 A - 211 B).

Ainsi que l'affirme Diotime, la Beauté idéale se révèle soudainement et tout entière à celui qui a franchi les diverses étapes de l'initiation, mais la découverte qu'en fait l'âme constitue une récompense de l'effort consenti plutôt qu'un effet nécessaire de l'initiation. Quoiqu'une telle découverte ne puisse se produire si l'esprit ne se soumet point aux exigences d'une dialectique préalable, elle n'en découle pas cependant d'une manière tout automatique. Un hiatus subsiste entre la Beauté idéale et celles des corps, des âmes et des sciences. La première, purement intelligible se suffit à elle-même; elle n'a rien en elle d'hétérogène; les secondes, toujours relatives et imparfaites, se trouvent mêlées de quelques éléments étrangers, leur rôle se révèle parfois nuisible. Cet hiatus ne peut être annihilé que par une révélation — au sens fort du terme — du Beau idéal; l'esprit, arrivé au dernier stade de la dialectique, découvre quelque chose de radicalement nouveau. Entre l'ultime étape de l'initiation et la révélation proprement dite, existe une faille que l'intelligence ne pourrait surmonter si le Beau idéal ne s'offrait en quelque sorte gratuitement; ce don aide l'esprit à franchir la frontière qui sépare l'immanent du transcendant, le sensible du spirituel.

Nulle part en ce long texte n'est cité le thème de la réminiscence. Aucune allusion n'est faite, durant l'initiation, à un processus mnémique quelconque. Il nous semble néanmique quelconque. Il nous semble néanmoins intéressant d'établir un parallèle entre ce passage du *Banquet* et un texte du *Phèdre* que nous avons réservé jusqu'ici, où Socrate décrit brièvement un processus cognitif grâce auquel l'esprit découvre la Beauté intelligible, processus analogue à celui du *Banquet*. Il s'agit du passage où l'on voit un homme s'émouvoir de la beauté, purement charnelle, d'un de ses compagnons. (Socrate use d'un langage représentant l'âme humaine sous la forme d'un attelage.)

«Ils (les chevaux de l'amant) regardent l'apparition; elle flamboie : c'est le bienheureux, le bien-aimé. Mais à sa vue, les souvenirs du cocher se portent vers la réalité de la Beauté. Il la revoit, accompagnée de la Sagesse, et dressée sur son socle sacré. Il l'a vue dans son souvenir... » (*Phèdre*, 254 B).

L'analogie entre les textes du *Banquet* et du *Phèdre* s'aperçoit sans peine : l'un et l'autre assignent un point de départ rigoureusement identique à la dialectique du Beau : la vue d'un beau corps engendre un mouvement ascensionnel vers cette Idée transcendante. Analogues quant à leur origine, les processus cognitifs que ces dialogues nous décrivent (le second beaucoup plus rapidement que le premier) ont une conclusion semblable et peuvent dès lors être reconnus comme profondément similaires.

Ce point acquis, penchons-nous sur le texte du *Phèdre*. Socrate y déclare que c'est grâce au souvenir du Beau idéal que l'amant se trouve ensorcelé. Il éprouve un tendre sentiment pour son compagnon dans la mesure où il découvre en lui un reflet de cette Beauté « qui n'a ni visage, ni mains, ni quoi que ce soit d'un corps ». La Beauté sensible de celui qu'il aime est pour lui une occasion de réminiscence, une occasion de se souvenir de l'Idée qu'il contempla jadis, lorsqu'il vivait libre encore de toute entrave charnelle. Il n'aurait pu découvrir et admirer cette beauté sensible s'il n'avait point auparavant connu le Beau idéal, source et principe unificateur de toutes les beautés individuelles, que ce soient celles des corps, des âmes ou de la science.

Or, avons-nous vu, les textes du *Banquet* et du *Phèdre* décrivent un processus cognitif analogue. Le premier nous le détaille longuement et nous montre comment s'enchaînent ses diverses phases, le second l'expose d'une manière beaucoup plus sommaire, mais il nous en indique la source profonde, ce que ne faisait point le premier. Le *Phèdre,* en introduisant le thème de la réminiscence, nous apprend que l'esprit ne pourrait découvrir la beauté sensible s'il ne connaissait par avance la Beauté idéale, il sous-entend que cette beauté sensible, une fois reconnue, ravive le souvenir du Beau en soi, provoquant ainsi une connaissance approfondie de cette Idée. Les textes du *Phèdre* et du *Banquet,* décrivant un processus cognitif analogue, se recoupent et se complètent; tandis que le premier introduit le thème de l'anamnèse, le second en précise le déroulement dialectique. Nous pouvons en conclure que ce qui fait découvrir à chacune des étapes de l'initiation du *Banquet* le reflet toujours plus vif de la Beauté idéale — qui est seule parmi les Idées, ne l'oublions pas, à s'incarner profondément — est un phénomène que nous pouvons, à coup sûr, identifier à celui de l'anamnèse. Tout au long de son initiation, l'esprit ne pourrait découvrir les beautés particulières du corps, de l'âme et de la philosophie s'il ne possédait point une certaine connaissance — un certain « souvenir » — de la Beauté idéale. Socrate le reconnaît d'ailleurs lorsqu'il déclare dans le *Phédon* que l'intelligence se révélerait incapable de reconnaître l'égalité, la bonté et la beauté des choses sensibles, si elle ne

possédait point une science préalable (quoique encore imparfaite) de l'Egal, du Bon et du Beau, science dont elle aurait
réminiscence au contact du monde matériel (*Phédon*, 74-76).
L'amant du *Banquet* ne pourrait s'engager dans la voie de
l'initiation s'il ne jouissait point d'une connaissance antérieure
du Beau idéal, connaissance qui va en s'approfondissant au
fur et à mesure qu'il progresse. L'on nous accordera dès lors
que le discours de Diotime développe une dialectique dont
le ressort secret constitue ce que Platon appelle une « réminiscence » dans la mesure où elle n'est qu'un approfondisse-
ment, qu'un « réveil » d'une connaissance préalable de la
Beauté idéale, connaissance certes imparfaite, suffisante néanmoins pour déclencher le processus dialectique. En ceci, nous
suivons Léon Robin qui, établissant un rapport entre le texte
du *Banquet* dont nous parlons et la maieutique du *Théétète*,
écrit : « Si d'autre part, la maieutique est solidaire de la théorie de la réminiscence, peut-être n'est-il pas illégitime de se
représenter cette fécondité, innée en tout homme, dont nous
parle le *Banquet*, comme étant précisément l'obscure possession par l'âme de semences de savoir et de vertu qu'elle
doit à sa parenté originelle avec les essences intelligibles [40]. »
Le savant helléniste exprime ici, avec un à-propos remarquable, l'idée éminemment platonicienne de l'homogénéité de
la nature, idée que nous avons déjà découverte dans le *Ménon*
où elle se trouve étroitement liée au thème de la réminiscence.
Ceci nous incite à voir dans la dialectique du *Banquet* (où
cette homogénéité est également sous-entendue) un phénomène en tous points analogue à celui de l'anamnèse [41].

[40] Léon ROBIN, Introduction au *Banquet*, Les Belles Lettres,
p. LXXXV.
[41] C'est pourquoi nous ne pouvons être d'accord avec Paul SHO-
REY (*The Unity of Plato's Thought*, The decennial publication of
the University of Chicago, vol. VI, 1904, pp. 127-214) quand il déclare
que le *Banquet* ignore l'anamnèse. Explicitement, oui. Implicitement,
non.

Remarquons encore que l'Idée du Beau, telle que le *Banquet* nous la présente, est un principe unique qui résume, fonde et explicite toutes les beautés particulières. Or, le *Phèdre* nous apprend que rassembler les sensations concrètes selon une idée unificatrice constitue une réminiscence (249 BC). Nous avons dès lors une raison supplémentaire de reconnaître, dans la dialectique du *Banquet,* un phénomène d'anamnèse dans la mesure où cette dialectique vise à unifier les divers aspects du Beau, épars dans le monde sensible : l'initiation socratique du *Banquet* est un exemple de la méthode dialectique telle que le *Phèdre* nous la présente et qu'il définit comme une anamnèse.

Une telle homogénéité rend le processus cognitif fécond dans la mesure où il apparaît comme étant un retour de l'âme sur elle-même, celle-ci tendant à retrouver sa pureté originelle, à retrouver ce qui l'unit aux Idées : autonomie, immutabilité, immortalité, intelligibilité. Le processus cognitif (auquel Platon donne le nom symbolique de réminiscence) est ce grâce à quoi l'âme se rassemble et se replie sur elle-même; ne se fiant à rien d'autre qu'à elle-même, quel que soit l'objet, en soi et par soi, de ses pensées, cette âme connaît trop bien les erreurs d'une réflexion dont les yeux, les oreilles et les autres sens seraient les instruments, pour s'y abandonner (*Phédon,* 83 A). C'est dans la mesure où une profonde affinité unit cette âme au monde idéal qu'est possible la dialectique du Beau. L'initiation du *Banquet* comme celle du *Phèdre* se révéleraient inefficaces sans une telle affinité. Celle-ci se trouve à la source du phénomène cognitif, ainsi que nous l'enseignent le *Ménon* et le *Phédon.*

Une autre allusion au thème de l'anamnèse apparaît dans la *République* au moment où Socrate expose à ses interlocuteurs l'allégorie de la caverne (514 A - 518 B).

Le maître de Platon déclare d'abord que l'homme, aussitôt échappé de l'antre, ne peut contempler le soleil (c'est-à-dire l'Idée) face à face :

> « Si on le forçait à regarder la lumière même, ne crois-tu pas que les yeux lui feraient mal et qu'il se déroberait et retournerait aux choses qu'il peut regarder, et qu'il les croirait réellement plus distinctes que celles qu'on lui montre ? — Je le crois. — Et si on le tirait de là par force, qu'on lui fît monter la pente rude et escarpée, et qu'on ne le lâchât pas avant de l'avoir traîné dehors à la lumière du soleil, ne penses-tu pas qu'il souffrirait et se révolterait d'être ainsi traîné, et qu'une fois arrivé à la lumière, il aurait les yeux éblouis de son éclat et ne pourrait voir aucun des objets que nous appelons à présent véritables ? — Il ne le pourrait pas, du moins tout d'abord » (515 E).

Socrate souligne encore que les habitudes acquises par l'être humain au contact du monde sensible, de même que les natures pour le moins différentes de la réalité idéale et de l'univers concret entraînent l'homme à croire en la solidité de ce dernier plutôt qu'en celle du monde intelligible. Socrate déclare :

> « Examine maintenant comme ils réagiraient si on les délivrait de leurs chaînes et qu'on les guérissait de leur ignorance et si les choses se passaient naturellement comme il suit : qu'on détache un de ces prisonniers, qu'on le force à se dresser soudain, à tourner le cou, à marcher, à lever les yeux vers la lumière, tous ces mouvements le feront souffrir et l'éblouissement l'empêchera de regarder les objets dont il voyait les ombres tout à l'heure. Je te demande ce qu'il pourra répondre, si on lui dit que tout à l'heure il ne voyait que des riens sans consistance, mais que maintenant, plus près de la réalité et tourné vers des objets plus réels, il voit plus juste; si enfin, lui faisant voir chacun des objets qui défilent devant lui, on l'oblige à force de questions à dire ce que c'est, ne crois-tu pas qu'il sera embarrassé et que les objets qu'il voyait tout à l'heure lui paraîtront plus véritables que ceux qu'on lui montre à présent ? — Beaucoup plus véritables » (516).

Il n'est donc pas étonnant de voir Socrate affirmer l'utilité d'une initiation progressive, initiation assez longue pour disposer l'homme à reconnaître en leur plénitude les réalités idéales. Le maître de Platon précise les étapes que l'esprit devra franchir :

« Tout d'abord, ce qu'il (l'homme) regardait le plus facilement, ce sont les ombres, puis les images des hommes et des autres objets eux-mêmes; puis, s'élevant vers la lumière des astres et de la lune, il contemplerait pendant la nuit les constellations et le firmament lui-même plus facilement qu'il ne ferait pendant le jour le soleil et l'éclat du soleil. — Sans doute. — A la fin, je pense, ce serait le soleil lui-même dans son propre séjour qu'il pourrait regarder et contempler tel qu'il est et non plus son image reflétée dans les eaux ou sur quelque autre point. — Nécessairement. » (516).

Après quoi, cet homme viendrait à penser que le soleil est la « source des saisons et des années », qu'il dirige le monde sensible et qu'il est, en un mot, la cause de tout ce que l'être humain a vu dans la caverne. Ceci dit, Socrate abandonne tout langage symbolique et se met en devoir d'expliquer son allégorie.

« Maintenant, mon cher Glaucon, il faut appliquer exactement cette image à ce que nous avons dit plus haut : il faut assimiler le monde visible au séjour de la prison, et la lumière du feu dont elle est éclairée à l'effet du soleil; quant à la montée dans le monde supérieur et à la contemplation de ses merveilles, vois-y la montée de l'âme dans le monde intelligible, en tous cas, c'est mon opinion qu'aux dernières limites du monde intelligible est l'idée du Bien qu'on aperçoit avec peine mais qu'on ne peut apercevoir sans conclure qu'elle est la source universelle de tout ce qu'il y a de bien et de beau... » (517 B C).

Ainsi donc, peu à peu, l'homme parviendra à la contemplation des Idées. Il découvrira d'abord leur reflet — de plus en plus vif — dans les objets du monde sensible. Il obtiendra une vision toujours plus parfaite et suivra un chemin dialectique comparable à celui que Diotime décrit dans le *Banquet*. Ce n'est qu'ensuite qu'il acquerra la révélation suprême, celle de l'Idée toute pure.

L'allégorie de la caverne ne mentionne point explicitement le thème de la réminiscence. Mais la manière dont elle nous présente la découverte progressive de l'Idée nous engage à établir une comparaison entre cette dialectique et celle grâce à laquelle l'homme découvre dans le *Banquet* la Beauté idéale. Nous pourrions aussi souligner l'analogie existant entre cette initiation et celle dont nous parle Socrate dans le *Ménon* lorsqu'il recommande d'interroger souvent les jeunes gens si l'on veut que leur science ne ressemble pas à un rêve ou ne soit qu'une opinion dépourvue de toute certitude. Ce faisant, le maître de Platon insiste sur la nécessité de ne point brûler les étapes et de ne point hésiter à répéter, en l'approfondissant, ce que l'on a déjà découvert, ce dont on s'est déjà « rappelé ». Accoutumé au monde sensible, se contentant d'opinions toujours incertaines, l'esprit se révèle incapable de découvrir immédiatement l'univers des Idées; il lui faut franchir une succession d'étapes préparatoires qui l'amèneront progressivement à la parfaite vision du monde intelligible. S'il ne se soumet point à cette discipline, il ne possédera toujours qu'une connaissance confuse et aléatoire. Ceci nous permet, ce nous semble, d'affirmer que les progressions dialectiques de la *République* et du *Banquet,* qui illustrent le conseil que donne Socrate dans le *Ménon* et qui s'avèrent en tous points analogues à la dialectique qu'utilise le maître de Platon au moment où il interroge le jeune serviteur, constituent aux yeux du philosophe athénien de véritables « réminiscences », identiques à celle dont bénéficie l'esclave dans le *Ménon.* Le disciple de Socrate ne l'affirme point explicitement, mais les dialectiques de la caverne, du *Banquet* et du *Ménon* ont trop de points communs pour que l'on puisse soutenir que les deux premières n'ont aucun rapport avec le phénomène de réminiscence. Dans la *République* comme dans le *Banquet,* l'homme ne pourrait découvrir un reflet de l'Idée au sein du monde sensible, s'il n'en possédait point au préalable une certaine connaissance — certes confuse et très imparfaite — suffisante cependant pour lui permettre de reconnaître le reflet de l'univers idéal dans ce qui lui tombe sous les sens. Les dialectiques de la *République* et du *Banquet* ne sont dès lors que des redécouvertes, que des approfondissements d'une science que l'esprit possédait déjà mais dont il n'avait point conscience. Et c'est cela que nous avons dit être une réminiscence. De telle sorte que nous pouvons en conclure, sans, nous semble-t-il, nous tromper, que le processus décrit dans l'allégorie de la caverne est celui de l'anamnèse, bien qu'il n'en porte pas le nom.

Nous en avons d'ailleurs une confirmation si nous mettons en parallèle la dialectique telle que ce passage de la *République* nous la décrit, l'initiation à la Beauté dans le *Banquet* et la révélation de cette même Idée dans le *Phèdre*. Toutes trois possèdent un point de départ identique : la vue d'une réalité sensible (celle entre autres d'un beau corps) constitue l'occasion pour l'âme humaine de se « rappeler » l'Idée qui en est la source. Toutes trois se révèlent encore progressives : cela ne fait aucun doute pour celles du *Banquet* et de la *République*; cela est vrai aussi, malgré les apparences, pour la révélation de la Beauté dans le *Phèdre* : la vue du bien-aimé, déclare Socrate, utilisant un langage imagé, réveille l'âme de l'amant, celle-ci se met à palpiter et retrouve un début de plumage, de ce plumage dont elle était abondamment pourvue à l'époque où elle ne s'était pas encore unie à un corps. La vision de celui qu'elle aime n'engendre donc qu'un début d'émancipation — la pousse des plumes signifiant que l'âme commence à s'échapper du monde sensible et s'en va à la reconquête de sa patrie perdue, — cette émancipation ne sera achevée qu'au moment où l'âme aura retrouvé son plumage complet, c'est-à-dire au moment où elle aura découvert la source réelle de la beauté de celui dont elle est amoureuse, cette source ne pouvant être que le Beau idéal. Elle n'y arrivera qu'au terme d'un long cheminement durant lequel elle devra se déprendre de toute attirance purement sensible et ne verra plus dans son bien-aimé qu'un reflet, qu'une ombre profondément imparfaite de la Beauté idéale, objet désormais exclusif de son amour. La dialectique du *Phèdre* présente donc bien, tout comme celles du *Banquet* et de la *République,* un aspect indéniablement progressif; comme, d'autre part, elle nous est présentée comme une « réminiscence », il nous semble légitime de reconnaître ce caractère aux initiations du *Banquet* et de la *République.*

Mais nous pouvons relever une autre allusion au thème de l'anamnèse dans un passage du mythe d'Er le Pamphylien, au dixième livre de la *République.* Ce mythe traite de la destinée des âmes et de leurs réincarnations. Dès qu'elles ont choisi le personnage (sophiste, politicien, général, philosophe, …) dont elles revêtiront l'enveloppe charnelle, elles campent, avant leur retour sur la terre, au bord du fleuve Ameles « dont aucun vase ne peut garder l'eau; chaque âme est obligée de boire une certaine quantité de cette eau; celles qui ne sont pas retenues par la prudence en boivent outre mesure. Dès qu'on en a bu, on oublie tout… » (621 A).

Ce que Platon exprime ici — sous une forme à nouveau symbolique — c'est le processus de l'oubli que le phénomène de réminiscence implique nécessairement. Dans le *Ménon* déjà, Socrate affirme que l'âme humaine, dès qu'elle s'unit à un corps, perd toute conscience de ce qu'elle avait découvert auparavant, sa science du monde idéal entre, si l'on ose dire, en léthargie. Quoique la possédant toujours, l'esprit en a cependant perdu la mémoire. Seul, l'exercice dialectique la lui rendra.

Ce texte nous apprend que tous les hommes ne jouissent point d'une anamnèse complète. Celle-ci est l'apanage d'un petit nombre d'esprits. Certains ne bénéficient que de réminiscences partielles tandis que d'autres en demeurent totalement incapables. Ce faisant, le disciple de Socrate apparaît comme l'héritier d'une antique tradition religieuse, source de l'anamnèse platonicienne. Le phénomène de réminiscence, à l'époque préphilosophique, était, lui aussi, le privilège de quelques-uns : poètes, devins et leurs rares disciples. Une différence existe néanmoins entre la conception platonicienne et cette antique tradition, différence essentielle : tandis que l'anamnèse archaïque était un don (que l'homme devait certes mériter mais qui ne dépendait pas tellement de lui), pour le disciple de Socrate, c'est l'esprit lui-même qui conquiert ou perd le pouvoir d'éprouver le phénomène de réminiscence selon son comportement spirituel, selon une libre décision de sa volonté; c'est ce que Platon exprime d'une manière imagée lorsqu'il déclare que certaines âmes boivent l'eau de l'Ameles d'une façon immodérée tandis que d'autres ne s'abreuvent qu'avec prudence.

Le *Théétète* mentionne, lui aussi, le thème de la réminis-cence. Dans ce dialogue, Socrate affirme qu'il n'enseigne rien aux jeunes gens qui le fréquentent, mais que leur propre esprit joue un rôle essentiel dans l'acquisition de la sagesse. Celle-ci leur est donnée dans la mesure où ils font preuve d'initiative, dans la mesure où ils ont le goût de l'étude personnelle et consentent l'effort nécessaire. La science de l'univers idéal ne constitue point une doctrine qu'un maître d'école impose-rait à ses élèves sans qu'ils puissent jouer eux-mêmes un rôle plus ou moins créateur. Le professeur selon l'idéal socratique, « l'accoucheur des esprits », ne fait que provoquer la décou-verte, par son disciple, de la vérité déjà présente en l'esprit du jeune homme mais toujours « endormie » et non concep-tualisée. Socrate déclare :

> « (Ceux qui me fréquentent) n'ont jamais rien appris de moi et eux seuls ont, dans leur propre sein, conçu cette richesse de beaux pensers qu'ils découvrent et mettent au jour... Ils semblent, quelques-uns même totalement, ne rien savoir à leur premier abord. Or tous, à mesure

qu'avance leur commerce (avec moi) et pour autant que le dieu leur en accorde la faveur, merveilleuse est l'allure dont ils progressent, à leur propre jugement comme à celui des autres » (150 B).

Et pourtant Socrate n'est « savant » à aucun degré, il ne possède aucune science déterminée, il est incapable d'enseigner quoi que ce soit, de transmettre la moindre conception scientifique, il n'est donc que l'intermédiaire grâce auquel l'étudiant « réveille » les connaissances qui sommeillaient en lui :

> « Enfanter en sagesse, n'est point en mon pouvoir et le blâme dont plusieurs m'ont déjà fait opprobre qu'aux autres posant des questions, je ne donne jamais mon avis personnel sur aucun sujet et que la cause en est dans le néant de ma sagesse, est blâme véridique. La vraie cause, la voici : accoucher les autres est contrainte que le dieu m'impose; procréer est puissance dont il m'a écarté. Je ne suis donc moi-même sage à aucun degré et je n'ai, par devers moi, nulle trouvaille qui le soit et que mon âme à moi ait d'elle-même enfantée... Mais le plus grand privilège de l'art que, pour ma part, je pratique, est qu'il sait faire l'épreuve et discerner en toute rigueur si c'est apparence vaine ou mensongère qu'enfante la réflexion du jeune homme, ou si c'est fruit de vie et de vérité... De sa délivrance, le dieu et moi, sommes les auteurs... » (150 BD).

Cet enfantement spirituel, cette éclosion de la science impliquent une acquisition antérieure de ce qui se réveille et s'épanouit. En d'autres termes, si le jeune homme n'apprend rien du maître qu'il fréquente mais s'il redécouvre peu à peu, par un mouvement qui lui est personnel, les connaissances « endormies » en son esprit, ce processus cognitif a toutes les apparences de ce que Platon nomme « réminiscence », même si Socrate ne l'appelle point ainsi, même s'il n'établit aucun rapport explicite avec l'interrogatoire de l'esclave dans le *Ménon,* interrogatoire qui n'est cependant qu'une illustration de ce qu'il exprime ici.

Remarquons encore que le maître de Platon fait une constatation que nous avons déjà rencontrée dans d'autres dialogues :

> « Certains (étudiants), dit-il, ne sont en gestation d'aucun fruit de science. Je sais alors qu'ils n'ont, de moi, nul besoin; en toute bien-veillance, je m'entremets pour eux et, grâce à Dieu, je conjecture très exactement de quelle fréquentation ils tireront profit. Il en est ainsi plusieurs que j'ai accouplés à Prodicos, plusieurs à d'autres hommes sages et divins » (151 B).

Ces jeunes esprits ne peuvent acquérir qu'une connaissance illusoire, fondée sur l'opinion. Socrate les renvoie aux sophis-tes, « hommes sages et divins » selon son expression toute teintée d'ironie. Ces étudiants, fruits secs aux yeux du maître de Platon, devront toujours se contenter de l'enseignement purement pratique et intéressé de ces pseudo-philosophes, ils ne pourront acquérir la science authentique, celle des réalités intelligibles et ne deviendront jamais de véritables amis de la Sagesse. Il leur sera impossible de s'évader du pragmatisme obtus des sophistes.

Mais d'autres esprits, riches en germes de science et de vertu, ont méconnu l'art socratique :

> « Ils ont cru, déclare le maître de Platon, à leur propre pouvoir et n'ont fait nul cas de moi. Ils se sont donc persuadés eux-mêmes ou se sont laissé persuader par d'autres de me quitter plus tôt qu'ils ne devaient; ils m'ont quitté et non seulement ont laissé avorter tous autres germes dans leurs mauvaises fréquentations, à ceux dont je les avais délivrés, n'ont donné que mauvais aliments dont ceux-ci dépé-rirent et, de mensonges et d'apparences vaines faisant plus de cas que du vrai, ils n'ont abouti qu'à prendre, à leurs propres yeux comme aux yeux des autres, figure d'ignorants... Ils reviennent parfois implo-rer mon commerce et sont prodigues d'extravagances. Avec certains, la sagesse divine qui me visite m'interdit de renouer commerce; avec d'autres, elle me le permet et ceux-ci recommencent à fructifier » (151 A).

Ces étudiants, orgueilleux ou paresseux, ont commis l'er-reur d'abandonner Socrate. En conséquence, leur pouvoir mnémique s'étiole et disparaît. L'opinion incertaine leur reste seule. Ils s'adonnent aux mauvaises fréquentations (celle, entre autres, des sophistes...) et se détournent de la Vérité. Pris de remords, désireux de réparer la faute qu'ils ont commise en le quittant, certains reviennent auprès du maître et le supplient de les aider à nouveau. Mais le démon socratique interdit à celui qu'il inspire de les reprendre tous, il lui désigne ceux qui n'ont point encore étouffé en eux tous les germes de sagesse. Ces esprits, judicieusement guidés, se remettent à porter du fruit et redeviennent d'authentiques amis de la Vérité.

Socrate nous confirme ainsi ce que d'autres dialogues nous avaient déjà enseigné : le phénomène de réminiscence cognitive n'appartient pas à tous les hommes; certains ne l'obtiennent jamais, soit qu'ils n'aient aucune disposition initiale, soit qu'en ayant eu, ils se soient laissé égarer par de mauvaises fréquentations, d'autres en bénéficient, mais d'une manière toute relative.

Platon semble encore faire allusion au thème de l'anamnèse lorsqu'il affirme dans le *Politique* :

> « On pourrait presque dire que chacun de nous sait tout comme dans un rêve et se retrouve ne rien savoir à la clarté de l'éveil... C'est, semble-t-il, une rencontre bien bizarre qui me fait toucher là au phénomène que constitue en nous la science... » (277 D).

En quoi ce texte implique-t-il le thème de l'anamnèse ? Si nos connaissances « sommeillent » en nous, selon l'expression du *Théétète* (150 D), nous les possédons en quelque sorte à la manière d'un rêve, c'est-à-dire d'une façon confuse. Seul, le phénomène de réminiscence les réveille et nous les rend intelligibles grâce à l'exercice dialectique [42]. De ceci, nous

---

[42] Ce passage constitue une preuve (G. RODIER, *Etudes de Philosophie grecque*, Paris, 1926, p. 55) que Platon n'a pas abandonné le thème de la réminiscence dans ses derniers dialogues.
D'autres, cependant, tel M. VAN HOUTTE (*La méthode ontologique de Platon*, Paris-Louvain, 1956, p. 38), prétendent qu'il n'y a

pouvons rapprocher ce que Socrate, dans le *Ménon,* dit de la science acquise par l'esclave après son interrogatoire :

« Pour le moment, ces opinions ont surgi en lui comme dans un songe. Mais si on l'interroge souvent et de diverses manières sur les mêmes sujets, ... il finira par en avoir une science aussi exacte qu'homme du monde » (85 E).

L'esclave n'est encore qu'au début du phénomène d'anamnèse, c'est pourquoi ses connaissances lui apparaissent toujours « comme dans un rêve ». Seuls, de nombreux et nouveaux interrogatoires dissiperont ce qu'elles ont encore de trouble et d'imprécis. Seul, l'exercice dialectique, humblement poursuivi, lui permettra d'acquérir une science aussi sûre que complète.

Le texte du *Politique* que nous venons de citer, décrit l'assoupissement, la léthargie, la confusion (fruits des eaux de l'Ameles), qui imprègnent nos connaissances au moment où débute le phénomène de réminiscence cognitive, lorsqu'un patient effort dialectique n'a point encore aiguisé notre esprit engourdi.

En guise de conclusion, nous étudierons un passage de la *République* où le thème de l'anamnèse, quoique non explicite, apparaît cependant sous une forme qui le caractérise, nous semble-t-il, à merveille. Il s'agit du texte fameux où Socrate déclare :

plus trace du thème de l'anamnèse dans le *Politique* et les dialogues postérieurs. M. Van Houtte voit dans le texte que nous citons une simple affirmation de la nécessité d'un paradigme. Nous ne pouvons accepter cette interprétation. Car si Platon, un peu plus haut, insiste sur l'utilité du paradigme, il justifie un tel emploi en faisant allusion, dans le passage que nous citons, à la réminiscence. Celle-ci explique et justifie l'usage du paradigme : ce dernier n'aurait aucune signification indépendamment de l'anamnèse.

« L'éducation n'est point ce que certains proclament qu'elle est : ils prétendent en effet mettre la science dans l'âme où elle n'est pas comme on mettrait la vue dans des yeux aveugles... Or le discours présent fait voir que toute âme a, en elle, cette faculté d'apprendre et un organe à cet usage et que, comme un œil qu'on ne pourrait tourner de l'obscurité vers la lumière qu'en tournant en même temps tout le corps, cet organe doit être détourné avec l'âme tout entière des choses périssables jusqu'à ce qu'il devienne capable de supporter la vue de l'être et de la partie la plus brillante de l'être, celle que nous nommons le Bien... » (518).

L'éducateur doit découvrir puis appliquer la méthode la plus adéquate en vue d'orienter cet organe de connaissance vers les réalités idéales. Il n'est point celui qui donne le pouvoir de faire œuvre cognitive, — l'intelligence le possède déjà — il est moins encore celui qui impose à l'être humain un ensemble précis de conceptions ou de doctrines, mais il n'est qu'un guide, qu'un « éveilleur de conscience » dont le rôle se borne à diriger l'esprit. Celui-ci ne peut atteindre le monde des Idées qu'au terme d'une démarche personnelle, qu'au terme d'une réflexion autonome et originale, dépourvue de tout conformisme.

C'est pourquoi « la faculté de connaître... paraît bien certainement appartenir à quelque chose de plus divin (que les autres facultés de l'âme); (elle) ne perd jamais son pouvoir et, selon la direction qu'on lui donne, devient utile et avantageuse ou inutile et nuisible. N'as-tu pas remarqué, mon cher Glaucon, à propos des fripons qu'on appelle des malins, combien leur méprisable esprit a la vue perçante et distingue nettement les choses vers lesquelles il se tourne; car il n'a pas la vue faible, mais il est contraint de se mettre au service de leur malhonnêteté; aussi plus il a la vue perçante, plus il fait de mal » (518 B D).

Platon nous semble vouloir dire ici que l'éducation, loin d'imposer aux esprits un ensemble de conceptions qu'ils n'auraient point librement élaborées, consiste en une conversion intellectuelle et morale de l'homme auquel elle s'applique. Elle constitue une formation de son esprit dans la mesure où elle ne lui apporte rien de l'extérieur mais s'efforce de le disposer de la manière la plus favorable afin qu'il puisse s'épanouir en toute liberté, en toute lucidité, découvrant en lui-même les germes de sa croissance spirituelle dont le couronnement est la contemplation du monde idéal, monde auquel il est ontologiquement uni. Pour le philosophe athénien, toute sagesse est illusoire tant qu'elle n'est pas le fruit d'un effort personnel, tant qu'elle ne résulte point d'une démarche cognitive originale. C'est pourquoi l'éducation n'a pour but que d'orienter l'œil de l'âme vers les réalités idéales, ces réalités intelligibles dont l'esprit est le frère.

Le texte que nous venons de citer ne parle point explicitement du thème de la réminiscence. Mais qui ne voit aussitôt les analogies existant entre ce thème et l'éducation telle que la *République* nous la définit ? Le phénomène d'anamnèse apparaît lui aussi comme la découverte — propre à chaque esprit — du monde idéal, comme une ouverture de l'âme aux réalités éternelles, ouverture qui ne peut se produire sans un mouvement de cette âme elle-même. Le thème de la réminiscence est, aux yeux de Platon, une manière symbolique d'exprimer le caractère personnel de tout effort cognitif. Il signifie que l'esprit humain possède la faculté de connaître les Idées sans qu'autrui intervienne d'une façon prépondérante. L'organe dont parle la *République* — cet œil de l'âme que l'éducation doit orienter vers les réalités intelligibles — est celui que le thème de la réminiscence implique. Il n'est donc pas, nous semble-t-il, illégitime d'établir un rapport entre ce texte et le thème de l'anamnèse dans la mesure où celui-ci apparaît comme une expression symbolique du caractère éminemment personnel que revêt, aux yeux de Platon, toute démarche cognitive [43].

---

[43] Nous ne sommes pas les premiers à faire un rapprochement entre ce passage de la République et le thème de la réminiscence : Emile CHAMBRY (*République*, Les Belles Lettres, T. VI, p. 151, n. 1) l'a déjà fait.

Si nous voulons récapituler les différents aspects du thème de la réminiscence, tels que nous venons de les découvrir et de les analyser brièvement, nous dirons ceci :

Le thème de l'anamnèse nous apparaît comme une conception épistémologique selon laquelle chaque esprit redécouvre par une réflexion purement personnelle ce qui est immuable et intelligible, le monde idéal. La croissance spirituelle est le fruit d'un effort propre à chaque homme. Le professeur ne joue qu'un rôle secondaire, celui d'un guide ou d'un « accoucheur d'esprits ». Durant la joute dialectique au cours de laquelle l'intelligence redécouvre peu à peu l'univers idéal, le jeune homme que Socrate interroge comprend et fait sien ce que le maître de Platon lui suggère. Le déroulement de cette dialectique, source de sagesse, pourrait se schématiser ainsi : d'habiles questions embarrassent d'abord l'étudiant qui prend soudain conscience de son ignorance (auparavant il croyait savoir, mais la science dont il se flattait n'était qu'illusion...). Cette ignorance blesse son amour-propre, elle l'émoustille et lui donne le goût de la recherche. La dialectique se poursuivant « réveille » peu à peu les opinions vraies qui « dormaient », inconscientes, en son esprit. Il les connaît alors « comme dans un rêve » : des questions plus précises et souvent répétées transforment ces opinions vraies en certitudes logiquement enchaînées. Le phénomène de réminiscence est à ce moment total et définitif. Il apparaît comme constituant l'assemblage de sensations multiples en une unité ou Idée qui fonde, explique et résume ces sensations. Il est le fruit et le couronnement d'une dialectique prospective qui engendre un certain nombre d'anamnèses partielles et provisoires (quoique toujours plus profondes), dialectique aboutissant enfin à une réminiscence parfaite de la réalité idéale, anamnèse qui n'est point cependant la somme des réminiscences antérieures mais qui apparaît comme un don de l'Idée qui récompense l'homme de son effort. L'occasion de ces réminiscences partielles est le monde sensible où l'intelligence découvre le reflet — dégradé et presque méconnaissable — de l'univers idéal qu'elle a contemplé jadis, en un temps antérieur à son incarnation.

Mais l'anamnèse ne se réduit point à une simple acquisition de la science. Elle donne à l'esprit une formation complète où les éléments strictement scientifiques n'acquièrent une signification que soumis aux impératifs d'une éthique librement choisie et concrètement vécue. Le phénomène de réminiscence devient ainsi une conversion intellectuelle et morale de l'homme, un élan de l'âme vers la Sagesse, science de l'Etre et source d'action. Il est, en d'autres termes, un épanouissement de la personnalité, fruit de l'activité de l'esprit. Le thème de l'anamnèse signifie que l'intelligence fait retour sur elle-même et se fonde sur son affinité ontologique avec les Idées pour en acquérir une connaissance exacte et précise. Certains hommes, cependant, ne jouissent point des dispositions morales requises pour éprouver une réminiscence de l'univers idéal; en l'absence de telles dispositions, l'acuité d'esprit et la mémoire proprement dite demeurent stériles. Ces hommes se sont laissés corrompre par les mauvaises fréquentations ou par le goût immodéré des joies sensibles.

Une question se pose, dès l'abord : le phénomène de réminiscence tel que nous l'avons défini (acquisition de la science par remémoration de ce que notre âme a contemplé avant son incarnation) et l'acte de mémoire proprement dit sont-ils deux processus semblables, analogues ou foncièrement hétérogènes, désignent-ils une activité unique de l'esprit ou n'ont-ils entre eux qu'une identité exclusivement nominale ?

L'importance d'une telle recherche ne peut échapper à personne. Tout au long des dialogues, Platon désigne sous des vocables analogues ou synonymes (anamnèsis, mnèmè, etc.)

tantôt le processus cognitif proprement dit, tantôt l'acte de mémoire; les mêmes termes signifient parfois l'un, parfois l'autre; ils expriment ici une opération essentiellement cognitive et là un phénomène mnémique ordinaire. Il importe dès lors de comprendre ce qu'ils recouvrent précisément et de rechercher ce qui les rapproche et ce qui les distingue. Cela nous permettra d'entrevoir le rôle que Platon leur accorde dans l'économie de sa doctrine.

La *Septième lettre* nous donne une indication précieuse. Platon y écrit : « Qui n'a aucune affinité avec l'objet (de la science) n'obtiendra la vision (des Idées) ni grâce à sa facilité d'esprit, ni grâce à sa mémoire » (344 A).

Ces lignes dissipent toute ambiguïté. Le philosophe athénien y établit une distinction fondamentale entre l'acte proprement mnémique et le phénomène qu'il nomme réminiscence cognitive. Le disciple de Socrate affirme que l'homme ne pourra jamais contempler le monde idéal, qu'il n'en aura donc jamais une « anamnèse » s'il n'a aucune affinité ontologique avec les Idées et cela, même s'il jouit d'une grande sagacité, même s'il possède une excellente mémoire (entendue en son sens ordinaire). Il en déduit donc l'hétérogénéité des deux phénomènes. L'un et l'autre relèvent d'activités mentales distinctes. Ils n'exercent entre eux aucune influence et les lois qui les régissent ne se ressemblent nullement. En conséquence, quiconque les identifie commet une grave erreur et trahit la pensée platonicienne telle qu'elle s'exprime dans la *Septième lettre*.

Mais il existe, éparses dans les dialogues, d'autres preuves de cette distinction. L'une d'elles nous est fournie par Socrate dans le *Ménon*. Afin de montrer à son interlocuteur la réalité du phénomène de réminiscence cognitive, il y interroge, nous l'avons vu, un jeune esclave sur un problème de géométrie, science que le serviteur n'a jamais étudiée. Au cours de l'interrogatoire, nous l'entendons s'exprimer ainsi : « Si on donnait à ce côté deux pieds de long et à cet autre un seul, n'est-il pas vrai que l'espace serait d'une fois deux pieds ? » (82 C). Et l'esclave d'affirmer qu'il ne peut en être autrement. Plus loin, Socrate pose une question analogue et obtient un nouvel acquiescement (82 D). Dans ces questions — si habilement tournées qu'elles contiennent leurs réponses — le maître de Platon ne fait nullement appel à la mémoire du serviteur, il ne l'interroge pas, mais il s'adresse à son intelligence en vue de lui faire comprendre le bien-fondé de ce qu'il lui propose, afin qu'elle en découvre l'exactitude et qu'elle y adhère en toute lucidité. Comme l'a bien montré Auguste Valensin, l'interrogatoire socratique est un modèle de pédagogie et de méthodologie. Socrate propose à l'esclave une suite d'affirmations que l'intelligence du serviteur est à même de comprendre progressivement, il lui suggère, en un enchaînement dialectique savamment calculé, un ensemble de petites évidences qui s'adaptent parfaitement aux facultés d'intellection du serviteur. Loin de lui imposer une suite de conceptions que l'esprit de l'esclave ne pourrait complètement assimiler, étant incapable de comprendre un raisonnement que l'on n'aurait point démonté en ses parties constituantes, Socrate demande sans cesse l'accord de son interlocuteur et l'oblige à exprimer son assentiment ou son opposition. Tout au long de cette dialectique, la mémoire de l'esclave ne joue aucun rôle, elle n'intervient qu'en apparence et si le maître de Platon semble, au début de l'interrogatoire, vouloir souligner son action, la façon dont il mène l'expérience prouve qu'il ne s'agit point pour lui d'un phénomène mnémique proprement dit mais de tout autre chose. Ainsi que nous l'avons montré, seule l'intelligence de l'esclave se trouve sollicitée et le maître de Platon ne vise nullement (quoi qu'il y paraisse) à établir le caractère fondamentalement mnémique du processus cognitif. Pour lui, de toute évidence, il ne s'agit là que d'une façon symbolique de s'exprimer.

Plus loin encore, Socrate révèle au serviteur le nom technique de la droite unissant les deux angles opposés d'un carré, celui de la diagonale (85 B). Il aurait évité une telle révélation s'il avait désiré que l'on prît au pied de la lettre ses conceptions épistémologiques selon lesquelles l'esprit n'apprend rien, mais se souvient de ce qu'il a contemplé jadis. Ceci constitue une nouvelle preuve qu'aux yeux du maître de Platon, le phénomène de réminiscence cognitive et celui de la mémoire proprement dite ne s'identifient nullement. Ainsi que nous l'avons déjà brièvement indiqué, soutenir que la connaissance s'acquiert par anamnèse n'est, pour Socrate, qu'une manière imagée d'exprimer le caractère personnel de toute démarche cognitive, d'exprimer l'affinité ontologique existant entre l'âme et le monde idéal, affinité qui constitue la source et la garantie d'une connaissance authentique de l'univers des Idées. C'est parce qu'il existe une connivence de l'esprit et des réalités éternelles que la démarche cognitive offre cet aspect subjectif, tout en demeurant parfaitement objective dans ses résultats (l'être humain connaît le monde idéal en tant que tel), ceci en vertu de l'antique adage selon lequel « le semblable connaît le semblable » que Platon n'a point oublié. Le thème de la Réminiscence n'est, aux yeux du philosophe athénien, qu'une expression symbolique de cet ancien aphorisme.

Abordons maintenant quelques textes où le disciple de Socrate emploie le thème « anamnèse » dans une signification traditionnelle. Cela nous permettra de mieux comprendre la distinction que Platon établit entre l'acte de mémoire et le processus cognitif.

Examinons d'abord le passage du *Philèbe* où Socrate tente de découvrir les divers éléments du phénomène mnémique :

> « Nous devons, déclare-t-il, nous remettre à définir la mémoire et même, j'en ai peur, la sensation avant la mémoire, si nous voulons, de quelque manière, avoir sur tout cela la clarté requise ... Pose en principe que, parmi les affections du corps certaines s'éteignent avant de parvenir à l'âme et laissent celle-ci insensible, tandis que d'autres les pénètrent tous les deux et provoquent un ébranlement qui les émeut l'un et l'autre respectivement et conjointement... Quand l'âme reste inaffectée par les ébranlements qui émeuvent le corps, au lieu de dire qu'ils échappent à l'âme, ce que tu appelles maintenant oubli ou fuite, appelle-le « absence de sensation » ... Quand, au contraire, unis dans une même affection, âme et corps sont mus conjointement, donner à cette notion le nom de sensation ne sera pas user d'un terme impropre... Appeler le souvenir « conservation de sensation » serait donc à mon avis une expression correcte... »

Ceci dit, Socrate étudie ce qui différencie le souvenir de la réminiscence : est réminiscence le phénomène qui s'opère en l'âme lorsque celle-ci retrouve, indépendamment du corps et après les avoir oubliées, les affections qu'elle a éprouvées jadis en sa compagnie; est souvenir la conservation des sensations ressenties par l'âme, tout processus d'oubli étant exclu (*Philèbe,* 33 C - 34 C).

Ce texte nous intéresse dans la mesure où nous y découvrons une définition précise de la réminiscence, acte grâce auquel l'esprit retrouve une sensation qu'il avait préalablement ressentie puis oubliée. L'anamnèse telle que Platon la définit ici ne constitue nullement une redécouverte de la science idéale acquise en un temps antérieur à l'incarnation de l'âme, mais elle n'est qu'une remémoration de sensations éprouvées par l'esprit lors de son existence terrestre. Ce que Platon nomme ici réminiscence ne s'identifie donc nullement à l'anamnèse du *Ménon* ou du *Phèdre* qui est un processus purement cognitif. L'acte de mémoire tel que le *Philèbe* nous le définit est celui grâce auquel l'esprit se souvient après l'avoir oublié, de ce qu'il a appris ici-bas, c'est-à-dire de ce dont il s'est « souvenu » (au sens symbolique du terme). Une sensation — par exemple la découverte d'un beau corps ou d'une égalité sensible — est définie dans le *Philèbe* non comme une « réminiscence » mais comme une affection que l'âme et le corps éprouvent conjointement. Ce que le philosophe athénien présente dans le *Phèdre* et le *Phédon* comme le début d'une anamnèse cognitive n'est dans le *Philèbe* que l'acquisition d'une sensation. On ne peut donc plus dire que la réminiscence telle que le *Ménon* et le *Phèdre* la définissent soit semblable à celle du *Philèbe* et puisse s'identifier avec le phénomène mnémique en tant que tel.

Quelques paragraphes du *Théétète* confirment ce que nous venons de dire. Lorsqu'il parle du phénomène mnémique proprement dit, le *Théétète* opère la distinction traditionnelle entre le souvenir et la réminiscence. Platon illustre cette distinction en comparant la mnèmè à la conservation d'empreintes sur un bloc de cire et l'anamnèsis à un colombier dont le propriétaire (l'intelligence) peut saisir les oiseaux (les sciences) qu'il tient enfermés et qu'il a acquis par capture (le processus cognitif, « anamnèse » au sens symbolique du terme). Le philosophe athénien déclare :

« La cire est-elle en quelque âme profonde, abondante, lisse, pétrie comme il faut, ce qui se transmet par le canal des sensations et vient se graver en ce cœur de l'âme, produit des marques pures qui pénètrent à suffisante profondeur et acquièrent longue durée. Ceux qui les ont telles, apprennent d'abord facilement puis retiennent fidèlement, enfin, ne font point différer sensations et marques et ne forment au contraire que jugements vrais. Comme ces marques sont très claires en effet, logées à l'aise et au large, ils ont vite fait de les rapporter aux impressions originales qui leur répondent : celles-ci reçoivent alors le nom d'êtres et ce sont de tels gens qui reçoivent le nom de sages... Mais d'aucuns auront... un cœur encrassé et cire impure, ou bien trop humide ou trop sec... De tels hommes sont ainsi faits qu'ils peuvent juger faux » (194 C E).

Socrate précise encore que l'âme qui dispose « d'une cire abondante et lisse » apprend d'abord facilement, puis retient fidèlement. Il nous apprend que l'acte mnémique est chronologiquement aussi bien que logiquement postérieur au phénomène cognitif. Cet acte ne pourrait se produire si l'esprit n'avait acquis au préalable certaines connaissances, acquisition qui ne se situe pas en un temps antérieur à l'incarnation de l'âme mais qui résulte de sensations éprouvées par l'homme durant son existence terrestre. L'impression sur la cire — symbole de l'âme — n'est point un acte mnémique en tant que tel, elle constitue une véritable opération cognitive grâce à laquelle l'intelligence — revêtue de son enveloppe charnelle — éprouve diverses sensations et acquiert certaines connaissances, c'est-à-dire, jouit, si l'on utilise le langage symbolique de Platon, d'une « réminiscence » de ce qu'elle a contemplé à l'époque où elle ne s'était pas encore incarnée. Le réveil de ces connaissances constitue seul une anamnèse authentique. Platon ne confond nullement, quoique prétendent certains [44], la réminiscence du *Ménon* et celle du *Philèbe* ou du *Théétète*. Il nous donne une nouvelle preuve de cette distinction lorsqu'il aborde la comparaison du colombier :

« Vois donc si l'on peut posséder la science sans l'avoir. Tel serait le cas d'oiseaux des champs, colombes ou autres, qu'on aurait pris à la chasse et pour qui, chez soi, l'on bâtirait un colombier où les élever. En un certain sens, j'imagine, nous pourrions affirmer qu'on les a sans cesse puisqu'on les possède ... Mais dans un autre sens, on n'en aurait aucun. D'une puissance seulement, on disposerait à leur sujet. Celle de les prendre et de les avoir quand on voudrait, attrapant tour à tour l'un ou l'autre qui plairait, puis le relâchant, et cela, autant de fois que bon semblerait... Par une fiction nouvelle, ... fabriquons cette fois en chaque âme une espèce de colombier conte-

[44] B. RUSSELL (*Histoire de la philosophie occidentale*, Paris, 1953, p. 158) écrit, répétons-le, « Le jeune esclave du Ménon ne pouvait être amené à " se rappeler " quand les pyramides furent construites ou si le siège de Troie fut un fait historique. »

nant toute variété d'oiseaux ... Il faudrait d'abord affirmer que dans l'enfant, cette cage est vide, puis, en place d'oiseaux, nous figurer des sciences. La science qu'aussitôt acquise on enferme en cette clôture, on a, dirons-nous, appris par enseignement ou soi-même découvert l'objet propre dont elle est science et voilà ce que c'est que savoir... Maintenant, à celle qu'il plaira de ces sciences donner la chasse, la prendre, l'avoir, la relâcher, considère de quel nom cela doit s'appeler, soit des mêmes noms qu'au premier moment de l'acquisition, soit de noms différents... de noms différents sans aucun doute car nous dirons qu'il y avait là double chasse : l'une avant l'acquisition et visant la possession, l'autre par qui possède mais désire prendre et avoir en mains ce que, depuis longtemps, il possède. De même, les sciences qu'on possédait depuis longtemps pour les avoir apprises, on peut, celles-là mêmes, les rapprendre à nouveau, revenir saisir chaque science singulière, avoir ainsi cette science qu'on possédait depuis longtemps mais qu'on n'avait pas immédiatement tangible en sa pensée » (197 A - 198 D).

Ce long texte nous apprend deux choses : lorsque l'homme n'est encore qu'un bébé, la cage est vide; au moment où le jeune esprit fait œuvre cognitive, c'est-à-dire éprouve une sensation, il se forme et la cage, si l'on ose dire, se remplit. Cette phase de l'activité intellectuelle que Platon nomme en d'autres dialogues début d'anamnèse n'a rien, ainsi qu'on le voit, d'un acte mnémique. La réminiscence réelle n'intervient dans le texte qui nous intéresse que plus tard, au moment où l'esprit se remémore certaines sensations éprouvées puis oubliées au cours de son existence terrestre. Une fois de plus, nous nous trouvons en présence de deux anamnèses : la première est l'acte grâce auquel l'esprit, une fois incarné, acquiert certaines connaissances, elle n'est qu'une façon pour le philosophe athénien d'exprimer symboliquement le caractère profondément subjectif de toute démarche cognitive, la seconde (la seule authentique) est l'acte qui permet à l'esprit de se souvenir des connaissances acquises après son incarnation. Comme le colombophile a antérieurement emprisonné ses oiseaux dans la volière (première réminiscence, anamnèse symbolique), afin de pouvoir ensuite en disposer à son gré (seconde réminiscence, anamnèse réelle), ainsi, l'intelligence éprouve certaines sensations, acquiert une certaine science qu'elle peut, plus tard, se remémorer.

Le *Théétète* souligne donc, à son tour, la distinction que nous devons établir enre le phénomène cognitif que Socrate nomme « réminiscence » et l'acte d'anamnèse proprement dit.

La petite phrase de la *Septième Lettre* (on ne peut connaître les Idées ni grâce à sa facilité d'esprit, ni grâce à sa mémoire), l'expérience tentée par Socrate dans le *Ménon* où l'on ne voit nulle trace d'un acte de mémoire authentique, enfin, les textes du *Philèbe* et du *Théétète* que nous venons de citer, textes où Platon établit une distinction entre le processus cognitif et l'acte mnémique, tout cela montre que le philosophe athénien donne au thème de l'anamnèse une signification purement symbolique. Les critiques qui en soulignent la puérilité (en le prenant au pied de la lettre) l'interprètent donc d'une manière assez inexacte. Le disciple de Socrate n'est pas dupe du nom qu'il lui donne : ainsi que nous l'avons déjà dit, il sait fort bien qu'un homme ne pourra jamais connaître la date de construction des pyramides d'Egypte si personne ne la lui enseigne. S'il baptise le phénomène cognitif du nom de « réminiscence », il attribue à ce terme une signification particulière qui est d'ordre symbolique : il exprime ainsi le caractère radicalement personnel du processus de cognition qui ne pourrait se dérouler s'il ne se fondait sur une connivence ontologique de l'âme et des Idées.

C'est ce que nous allons tenter maintenant de préciser.

Dans la mesure où une affinité ontologique unit l'âme et le monde idéal, dans la mesure où ce dernier constitue l'archétype de l'Univers sensible, l'acte cognitif devient donc une opération grâce à laquelle l'âme s'isole et opère un retour sur elle-même (*Phédon*, 80 E).

Affirmer que l'acte de cognition est une réminiscence de ce que l'âme a contemplé jadis apparaît donc comme une manière toute symbolique d'exprimer le caractère éminemment subjectif de la connaissance humaine, caractère profondément lié néanmoins à la plus rigoureuse objectivité dans la mesure où l'esprit, opérant un retour sur lui-même, se découvre intimement uni, quant à sa nature ontologique, au monde idéal et s'appuie sur cette communauté lorsqu'il entreprend son effort dialectique en vue de contempler les réalités éternelles. Cette connivence profonde constitue en quelque sorte une garantie de l'objectivité de la connaissance humaine.

Le thème de la réminiscence apparaît donc comme l'expression symbolique d'une conception épistémologique selon laquelle l'acte de cognition consiste en une démarche originale de chaque esprit en quête de la Vérité, démarche dont les résultats demeurent cependant rigoureux, ne dépendant en aucune manière de l'arbitrage ou du caprice de l'homme dans la mesure où une affinité ontologique existe entre l'intelligence et les Idées, donnant un caractère objectif à la cognition.

Le thème de l'anamnèse ne signifie donc point que Platon veuille élaborer ou défendre une épistémologie semblable ou analogue à celle de l'idéalisme moderne. Aux yeux du philosophe athénien, ainsi que nous avons tenté de le montrer dans les pages précédentes, les réalités intelligibles existent indépendamment de l'esprit et jouissent d'une autonomie absolue. Bien plus, elles se définissent en tant qu'entités transcendantes et jouent, vis-à-vis du monde sensible, un rôle de cause et d'archétype. Platon n'affirme nulle part leur innéité, aucun texte ne parle d'une quelconque présence des Idées au sein de l'esprit. Remarquons d'ailleurs que dans l'hypothèse d'une telle innéité, l'homme rencontrerait moins d'obstacles à découvrir l'univers idéal. L'effort dialectique aboutirait beaucoup plus rarement qu'il ne le fait au fond d'une impasse. Le thème de l'anamnèse ne possède donc point une signification analogue ou semblable à celle de l'Idéalisme moderne. On ne peut admettre que Platon apparaisse comme un précurseur, lointain mais indéniable, de Descartes ou de Kant. Bien au contraire, se rattachant d'une part à l'existence autonome de l'univers idéal et, d'autre part, aux rapports de cet univers et du monde sensible comme à ceux de l'âme et des réalités éternelles, le thème de la réminiscence apparaît comme l'expression symbolique d'une épistémologie selon laquelle toute connaissance, quoique profondément personnelle à chaque esprit, n'en demeure pas moins objective, révélant à l'homme la Vérité qu'il recherche.

Le *Ménon,* rappelons-le, unit étroitement l'homogénéité de la nature et du monde idéal :

> « La nature entière étant homogène, déclare Socrate, et l'âme ayant tout appris, rien n'empêche qu'un seul ressouvenir (c'est ce que les hommes appellent savoir) soit pour l'esprit l'occasion de retrouver tous les autres si l'on est courageux et tenace dans la recherche, car celle-ci et la science qui en résulte ne sont au total que réminiscence » (81 D).

C'est en raison de l'homogénéité de la nature que l'esprit, en une période antérieure à son incarnation, a pu tout connaître. Ainsi que nous l'avons déjà dit, la préexistence de l'âme vis-à-vis du corps, telle que le *Phèdre,* en son mythe célèbre, nous l'expose, n'est pas seulement le vestige d'une antique tradition que le philosophe athénien aurait pieusement recueillie; elle vise à exprimer sous une forme symbolique l'homogénéité de l'esprit et du monde idéal : l'âme participe au cortège du dieu qui lui convient le mieux, c'est-à-dire de celui qui lui permet de mieux contempler les réalités éternelles. Le processus cognitif consistera dès lors à développer les avantages d'une telle connivence.

Si une parenté fondamentale n'existait point entre l'esprit et l'Idée, s'il n'y avait point en l'homme une prédisposition naturelle à l'intelligibilité des réalités éternelles, l'âme humaine et le monde idéal demeureraient absolument clos en eux-même et ne pourraient nouer aucun lien cognitif (*Parménide,* 133 D - 134 C). Dans cette hypothèse, en effet, toute science deviendrait illusoire et la recherche dialectique n'aurait plus aucun fondement. Il importe donc de reconnaître l'existence d'une connivence ontologique de l'homme et de l'Idée : de nombreux passages du *Phédon* et de la *République* l'affirment sans ambages. C'est en raison, déclare Socrate (dans le premier dialogue), de la profonde unité de l'esprit et de l'Idée que l'homme acquiert le désir d'arriver à la contemplation du monde idéal, c'est en raison de sa nature même qu'il tend à s'approcher des réalités éternelles (*Phédon,* 79 B). Si l'âme humaine n'avait point la nostalgie de l'univers des Idées, si elle ne désirait point le retrouver comme un exilé aspire à rentrer au pays natal, elle ne ferait aucun effort en vue de la contempler, elle ne s'imposerait point les sacrifices d'une longue ascèse. Ainsi que le déclare la *République,* il faut considérer « quels objets l'âme atteint, quel commerce elle recherche en vertu de sa parenté avec ce qui est divin, immortel et éternel et ce qu'elle deviendrait si elle s'attachait tout entière à la poursuite des objets de cette nature... » (611 E). C'est en vertu de ses affinités avec de tels objets que l'esprit entreprend son effort d'intellection et persévère.

Le processus cognitif apparaît comme une réminiscence dans la mesure où l'âme exilée ici-bas, doit retrouver en elle-même la source d'une libération et d'un élan vers les réalités idéales. Ainsi que le déclare excellemment le *Phédon,* l'esprit doit faire retour sur lui-même et se retirer au plus intime de son être, il doit se purifier de tout contact, de tout désir charnel pour espérer retrouver le chemin de la patrie perdue, pour entreprendre avec quelque chance de succès cette marche longue et difficile vers les Idées dont il se sent obscurément le frère. Le véritable philosophe évite l'opinion incertaine de la multitude, ne se fie point aux apparences, mais opère une plongée en lui-même afin de retrouver, clairement intuitionnée, l'affinité ontologique qui l'unit au monde idéal. Il se met, si l'on ose dire, à sa poursuite et use, pour s'approcher de ces réalités intelligibles, de la seule pensée sans le moindre recours à un quelconque autre sens. Il soumet toute l'activité de son esprit à cette unique recherche et ne se voit récompensé de ses efforts que dans la mesure de sa patience et de son humilité.

Il n'y aurait d'ailleurs aucune raison de définir la démarche cognitive comme un phénomène de réminiscence si elle n'impliquait pas une connivence intime de l'homme et de l'Idée. S'il n'y avait aucune parenté entre eux, toute connaissance deviendrait impossible et s'il en existait une d'une telle nature que l'Idée apparaîtrait comme une création de l'esprit, il suffirait de reconnaître ce fait sans devoir présenter l'acte cognitif comme une réminiscence longue et difficile.

De sorte que nous pouvons, ce nous semble, en conclure que le thème de l'anamnèse, en tant que symbole du processus de cognition, concilie aussi bien l'affinité ontologique de l'âme et de l'Idée que le dualisme du monde sensible et des réalités éternelles. Il les concilie dans la mesure où les objets matériels apparaissent comme les reflets dégradés du monde idéal et inspirent par là même à l'esprit le désir et la nostalgie des Idées.

N'est-il pas vrai en effet que le phénomène de réminiscence se fonde sur la connivence ontologique de l'âme et des réalités éternelles, et se déclenche au contact du monde sensible dont l'esprit perçoit tout à la fois ce qui rapproche (unité) cet univers et ce qui le distingue (dualisme) des Idées ?

S'il n'existait aucune distinction entre l'univers concret et le monde intelligible, s'ils n'avaient aucun rapport véritable, une conséquence identique découlerait de ces hypothèses contradictoires : l'esprit s'en tiendrait à la connaissance des objets sensibles sans vouloir autre chose. Et c'est pourquoi le thème de la réminiscence nous paraît être, malgré son caractère mythique indéniable, au cœur de l'épistémologie platonicienne.

LES RAPPORTS DE PLATON
ET DE LA PHILOSOPHIE PRESOCRATIQUE

D'entrée de jeu, divers problèmes se posent.

Le thème de l'anamnèse est-il une création de l'esprit platonicien ? Est-il une conception épistémologique soudainement apparue dans la philosophie grecque ? A-t-il surgi afin de répondre au nihilisme des sophistes comme Socrate l'affirme au début du *Ménon* (80 E) ? Appartient-il au contraire à la tradition anté-platonicienne, héritage que le philosophe athénien aurait précieusement recueilli ? Est-il une conception plus mythique que rationnelle, plus religieuse que philosophique, conception recréée et métamorphosée au moment d'être incluse dans la philosophie platonicienne ? Questions assurément difficiles mais que nous ne pouvons éluder.

Comme l'écrit très justement Mme Delcourt, les passages où le philosophe athénien dévoile les origines historiques de l'anamnèse « sont parmi les morceaux les plus difficiles de Platon » [1]. Il est malaisé de discerner avec exactitude les

[1] M. DELCOURT-CURVERS, Lettre du 15 novembre 1957 à J.-M. Paisse.

divers courants d'influence, divergents ou convergents, qui
ont pesé sur le disciple de Socrate au moment où il élaborait
— à partir du *Ménon* — le thème de la réminiscence.
Orphisme ? Pythagorisme ? Sources orientales ? Ces trois
influences ont sans doute joué sans que l'on sache exactement dans quelle mesure. Il est d'autant plus difficile de le
déterminer que l'on ignore ce que les termes d'orphisme, de
pythagorisme ou de sources orientales recouvrent précisément : ces notions, extrêmement vagues, dissimulent un grand
nombre d'éléments disparates que les commentateurs interprètent en sens divers. Il faudrait savoir ensuite si Platon
n'a pas transposé, en les rationalisant, ces traditions archaïques, leur donnant ainsi une signification nouvelle.

Une première question se pose : dans quelle mesure Platon
a-t-il subi l'influence de l'Orient ? Certains auteurs [2], Jaeger [3],
Kerenyi [4], Bidez [5], Reitzenstein [6], Schaeder et Reitzenstein [7],
Geffcken [8] affirment que le philosophe athénien s'est inspiré
des cosmogonies et des mythologies égyptienne, iranienne ou
indienne. Ils déclarent que le thème de la réminiscence y
trouve son origine profonde, tout en admettant que Platon
a transposé ou modifié ce que les sages d'Egypte, de la
Chaldée ou de l'Inde lui avaient appris. Bidez écrit notamment :

[2] Cités par KOSTER, *Le mythe de Platon, de Zarathoustra et des
Chaldéens,* Leiden, 1951, p. 221.

[3] JAEGER, *Aristoteles,* Berlin, 1923, passim.

[4] KERENYI, *Astrologia Platonica,* in « Archiv für Religionswissen-
schaft »,, 22, 1923-1924, passim.

[6] REITZENSTEIN, *Plato und Zarathoustra,* in « Vorträge der Bibliothek Wartburg », 1923-24, Leipzig et Berlin, 1927, passim.

[7] SCHAEDER & REITZENSTEIN, *Studien zum antiken Synkre-
tismus aus Iran und Griechenland,* Studien der Bibliothek Warburg,
VII, Leipzig et Berlin, 1926, passim.

[8] GEFFCKEN, *Plato und der Orient,* in « Neue Jahrbucher », 5,
1929, pp. 517-528.

« Parmi les dons du génie platonicien, nous voyons ressortir une faculté d'assimilation et une souplesse d'esprit qui firent de lui jusqu'à un âge avancé l'ami de toutes les curiosités nouvelles. Bien entendu, il ne peut jamais être question chez Platon d'une reproduction ou d'une imitation docile. Ainsi, quelque notables que puissent être les éléments fournis aux mythes platoniciens par les traditions étrangères, on ne peut leur attribuer d'ordinaire que la valeur d'une suggestion [9]. »

De son côté, A. Rey conteste l'influence exclusive de la science orientale (entre autres égyptienne), mais il ajoute aussitôt que cette influence quoique relative est indéniable [10]. Un autre commentateur, le P. Festugière [11], admet une telle influence mais déclare que seuls les Hellènes ont fait preuve d'esprit scientifique : il cite un passage [12] de l'*Epinomis,* dialogue teinté d'orientalisme qui n'est peut-être point de Platon lui-même mais qui illustre parfaitement la supériorité du génie grec. Il reconnaît que l'on décèle des traces de l'astro-lâtrie chaldéenne dans les dernières œuvres du philosophe athénien mais il se demande si la pensée platonicienne n'a pas engendré elle-même cette astrolâtrie, devenant ainsi source plutôt que fruit...

---

[9] BIDEZ, *op. cit.,* p. X.

[10] REY, *La jeunesse de la science grecque,* Paris, 1933, pp. 8-9.

[11] FESTUGIERE, *Platon et l'Orient,* in « Revue de Philologie, de Littérature et d'Histoire », 1947, p. 5.

[12] « C'est l'infériorité de notre été par rapport à celui de l'Orient, qui, je le répète, ne nous a permis que plus tard (par rapport aux hommes de l'Orient) d'observer l'ordre de ces dieux sidéraux. Mais posons en principe que tout ce que les Grecs reçoivent des barbares, ils l'embellissent et le portent à sa perfection... Il y a un grand et bel espoir que les Grecs prendront de tous ces dieux un soin réellement plus beau et plus équitable que ne font les traditions et le culte venus des barbares (et cela) grâce à la culture, aux oracles de Delphes et à tout le culte légal (*Epinomis,* 987 D - 988 A). Platon (ou Philippe d'Oponte) reconnaît assurément l'antériorité chronologique de l'astronomie orientale, il reconnaît ce que la Grèce lui doit mais il affirme aussitôt que l'esprit hellénique approfondira et métamorphosera en les portant à leur perfection les découvertes assyro-babyloniennes. Le génie grec surpasse à ses yeux tout ce que peuvent élaborer les « barbares », de l'Orient ou d'ailleurs.

Il apparaît donc que ces commentateurs, tout en soulignant l'influence orientale sur l'esprit hellénique, se gardent de considérer Platon come un disciple soumis de l'Iran ou de l'Inde. Ils reconnaissent qu'il transpose, approfondit ou modifie cet apport étranger qui ne constitue qu'une part de l'héritage recueilli par le disciple de Socrate.

D'autres exégètes, cependant, ne distinguent aucune influence orientale dans la pensée du philosophe athénien. Ils admettent assurément, tel Dodds [13], que quelques détails des derniers mythes platoniciens pourraient illustrer les rapports de la Grèce et de l'Orient (dans la mesure, par exemple, où le Phèdre mentionne l'action des astres sur les âmes : 247 A; 252 C; 253 C) mais ils affirment que cette influence n'a pas été formellement prouvée, qu'elle est donc hypothétique et par là plus apparente que réelle. C'est ainsi que O.G. Von Wesendonck déclare qu'il est impossible que des penseurs iraniens aient influencé les Grecs de la période classique, rien n'indiquant en effet une telle influence [14].

Deux courants se manifestent donc parmi les commentateurs : les premiers décèlent certains rapports entre l'Orient et la Grèce, les seconds réduisent ces rapports au minimum sinon au néant.

Analysons quelques traits de leurs argumentations respectives. Koster nous aidera en cette tâche. Il cite abondamment ceux qui ont étudié le problème et résume fort bien les raisons qui tendent à prouver que le philosophe athénien connaissait les doctrines babyloniennes. Dans le Phèdre, le cortège des douze dieux (246 E - 247 C) équivaut selon Roscher [15] aux douze signes du Zodiaque et trahit ainsi une

[13] DODDS, Plato and the Irrational, in « The Journal of hellenic Studies, 1945, p. 25.

[14] VON WESENDONCK, Das Weltbild der Iranier, Munchen, 1933, pp. 166-172.

[15] Cité par KOSTER, op. cit., p. 18.

influence chaldéenne [16]. De son côté, le *Théétète* (76 A) nous apprend que le mal est impérissable. Il s'oppose au bien et constitue l'un des deux principes qui régissent le monde. Cette conception iranienne qui divinise la dyade du Bien et du Mal est selon Reitzenstein [17] connue des Grecs depuis les temps les plus reculés. Enfin, certains thèmes du *Timée* nous montrent, aux yeux de ce commentateur, que Platon n'admet plus qu'une Idée, celle du Feu en soi, ce qui le rend disciple de Zoroastre.

Mais Koster réfute chacun de ces arguments. Contre le premier, il montre que la route suivie par les dieux n'est point en accord avec le mouvement régulier des constellations. Il constate qu'ils parcourent d'abord l'espace situé au-dessus du ciel et cela en plusieurs directions (*Phèdre*, 247 A), qu'ils quittent ensuite cet espace et viennent se placer au sommet de la voûte céleste (247 C). Il rappelle aussi que les dieux de l'Olympe se sont de très bonne heure trouvés au nombre de douze en Ionie. Il est donc superflu, à ses yeux, de mettre ce chiffre en rapport avec les astres. Ce nombre appartient au système duodécimal. D'après Birket-Smith [18], ce système duodécimal ou sexagésimal est commun à beaucoup de peuples primitifs. Il y aurait en ce domaine analogie ou convergence mais non influence de l'Iran sur la Grèce.

Contre le deuxième argument, Koster affirme que Platon exclut le mal du monde des dieux et qu'il ne le considère point comme une divinité complémentaire ou symétrique du Bien. Il le localise dans le monde sensible, celui des mortels. Cette conception est en accord avec le dualisme platonicien opposant dans tous les domaines la perfection de l'univers

[16] ROSCHER, *Lexikon der Griechischen und Römischen Mythologie*, VI, col. 823-826 (Weinreich).

[17] Cette conception suivant laquelle le Mal existe symétriquement au Bien, en tant que divinité, a été, selon REITZENSTEIN (*op. cit.*, p. 56) connue des Grecs dès les temps les plus reculés.

[18] BIRKET-SMITH, *Geschichte der Kultur*, 1946, p. 447.

idéal à l'imperfection du monde matériel. Ce dualisme est étranger au mythe iranien qui présente les deux principes du Bien et du Mal comme des entités supérieures ou comme des divinités de rang égal.

Quant au troisième argument, Koster nous montre que Platon ne reconnaît point le feu comme l'unique réalité idéale mais qu'il en fait un exemple de toutes les Idées.

Après avoir brièvement exposé la controverse entre partisans et adversaires de l'influence orientale sur la pensée grecque et sur celle de Platon, Koster tire quelques conclusions. Si le philosophe athénien, déclare-t-il, a subi certaines influences venues d'Asie, ce fut comme tous ses compatriotes en ce sens que dès les temps les plus reculés, la civilisation grecque, en son ensemble, a été modelée, peu ou prou, par certains courants orientaux. Mais il ajoute que cette influence aussi lointaine que diffuse ne peut plus être précisée au temps de Platon et n'apparaît surtout plus comme réellement déterminante. J. Przylusky partage cette opinion [19]. Il croit en un développement parallèle de la pensée grecque et de la pensée orientale à partir d'une civilisation largement antérieure, commune aux deux peuples :

« En présence de faits culturels communs à la Grèce, à l'Iran et à l'Inde, écrit-il, on a le choix entre plusieurs éventualités : les analogies constatées peuvent s'expliquer par un trait ancien de la communauté indo-européenne; dans d'autres cas, elles peuvent s'expliquer par des emprunts plus tardifs à une même zone, par exemple à l'Iran, enfin, les faits communs peuvent remonter à une très ancienne civilisation dite paléoasiatique. »

Il souligne en outre le fait que les Grecs reconnaissaient l'Orient comme le berceau de toute sagesse, eux-mêmes ayant reçu de l'Egypte ou de la Babylonie certains éléments de science et de réflexion philosophique. Pour Przylusky, le pro-

---

[19] PRZYLUSKY, *L'influence iranienne en Grèce et dans l'Inde,* in « Revue de l'Université de Bruxelles », 1931-1932, p. 288.

blème de l'influence orientale ne se situe point dans les contacts immédiats que Platon ou d'autres penseurs grecs auraient eus avec l'Egypte ou la Chaldée mais dans des régions beaucoup plus anciennes et pour cette raison beaucoup plus imprécises. A ses yeux, les religions orientales ont fourni aux Hellènes de grandioses conceptions mythiques. Grâce à la dialectique, les Grecs ont peu à peu substitué les lois physiques et les formulations abstraites à ces images brillantes.

De son côté, J. Chevalier, tout en reconnaissant une influence orientale sur les premiers penseurs de la Grèce, précise que ces philosophes, Thalès aussi bien que Pythagore, à la différence des Egyptiens et des Chaldéens, font « de la géométrie une science abstraite, c'est-à-dire éminemment rationnelle en créant la méthode démonstrative » [20]. Celle-ci « ramène la construction des figures géométriques à un problème de relations numériques et fait apparaître ainsi l'évidence rationnelle au sein de l'évidence sensible, en discernant l'unité de structure due aux rapports quantitatifs que soutiennent entre eux les groupements réguliers de corpuscules ponctuels dont se composent les objets matériels ». Les Grecs ont rationalisé et structuré ce qui n'était qu'empirisme et désordre dans les découvertes babyloniennes. S'ils ont hérité des orientaux, ils ont considérablement transformé ce qu'ils ont reçu : là où régnaient la confusion et l'irrationalité, ils ont mis la cohérence et la rigueur. Ce qui n'était qu'amas d'expériences brutes est devenu, grâce à eux, un ensemble rationnellement hiérarchisé. En un mot, si les Egyptiens et les Babyloniens ont procédé aux premières découvertes, s'ils ont mis au point les premières techniques empiriques, les Grecs ont le mérite essentiel d'avoir créé l'esprit, d'avoir élaboré une méthode scientifique, d'avoir connu les premières lois d'explication de l'univers.

[20] J. CHEVALIER, *Histoire de la Pensée, I. La Pensée antique,* Paris, 1955, p. 79.

Un autre commentateur, Sauneron [21], étudiant les rapports de l'Egypte et de la Grèce, constate qu'à parcourir les textes grecs anciens, on ne peut se défendre de l'idée qu'aux yeux de ces auteurs archaïques, l'Egypte était le berceau de toute science et de toute sagesse. Les plus libres parmi les savants et les philosophes hellènes ont franchi la mer pour chercher auprès des prêtres égyptiens l'initiation à de nouvelles sciences. Et s'ils n'y allèrent pas, leurs biographes s'empressèrent d'ajouter aux épisodes de leur vie ce voyage devenu aussi traditionnel que nécessaire. Sauneron constate encore que l'accueil des Egyptiens n'était pas aussi bienveillant qu'on pouvait l'imaginer :

« Les prêtres, écrit-il, ne recevaient pas toujours ces questionneurs avec enthousiasme. Maintes fois, ils durent les accueillir comme des fâcheux, toujours indiscrets, trop rigoureusement logiques dans leurs raisonnements, mal convaincus parfois ... Entre autres, Porphyre (*Vie de Pythagore,* 7) raconte comment les prêtres tentèrent de se débarrasser de Pythagore qui, sur les conseils de Thalès, vint chercher auprès d'eux les révélations de la science et de la foi. Ils le renvoyent de temple en temple, lui font subir de mauvais traitements, lui donnent des ordres tout à fait étrangers à l'éducation hellénique... Quant à Platon, Strabon(XVII, I, 29) affirma qu'il rencontra près des prêtres égyptiens de nombreuses réticences et qu'il dut déployer une grande habileté diplomatique pour arriver à connaître un peu de leur science [22]. »

Quoi qu'il en soit, « les philosophes de la Grèce, si célèbres fussent-ils, gagnaient encore quelques titres à l'admiration

[21] SAUNERON, *Les Prêtres de l'Ancienne Egypte,* Paris, 1957, p. 111.
[22] P.M. SCHUL (*Essai sur la formation de la pensée grecque. Introduction historique à une étude de la philosophie platonicienne,* Paris, 1949, 2ᵉ éd., p. 177) écrit : « On a contesté que des connaissances scientifiques aient pu être empruntées à l'étranger; les voyages des philosophes en Egypte ne nous sont connus que par des témoignages tardifs : si vraiment ils y sont allés, la xénophobie des Egyptiens ne pouvait leur permettre de voir le pays que du dehors. Ils ne pouvaient fréquenter les prêtres, inaccessibles même aux Egyptiens laïques.

populaire quand on pouvait placer, à la source de leur science, l'épisode égyptien » [23].

Sauneron n'affirme donc pas que ces pèlerinages en Egypte aient eu lieu effectivement. Mais il souligne comme J. Przylusky qu'il existait en Grèce une conviction — peut-être fondée, peut-être illusoire — selon laquelle l'Orient (et l'Egypte en particulier) aurait été à la source de la science grecque. Il montre simplement qu'au niveau des mathématiques

« les quelques papyrus égyptiens qui nous sont parvenus font plus figure de recueil de recettes pour résoudre tel ou tel problème d'arithmétique ou de géométrie simple que de manuels attestant la connaissance de règles de résolution : au milieu de tous les cas de problèmes dont ils traitent, l'empirisme et l'approximation règnent en maître. Tout laisse croire que les connaissances de calcul et de géométrie, à en juger par ces documents, se limitaient à des techniques assez imparfaites d'évaluation limitée aux cas pratiques devant lesquels pouvait se trouver un scribe ou un architecte. La géométrie théorique semble absente de leurs préoccupations; quant aux monuments, ils révèlent des rapports géométriques élémentaires simples [24]. »

Ainsi, même en admettant une influence égyptienne sur les mathématiques grecques, nous devons reconnaître que les Hellènes ont dû systématiser et rationaliser les techniques empiriques de l'Egypte. Comme le note fort judicieusement J. Chevalier [25],

« (les Grecs) ont été les créateurs de la science... par leur aptitude remarquable à l'analyse, au maniement des idées, aux discussions

La langue populaire (démotique) qu'ils parlaient ne pouvait leur ouvrir l'accès des écrits hiératiques et des hiéroglyphes. »
        P.M. Schuhl pense que les marchands introduisirent les mathématiques d'Egypte en Grèce (pp. 180-181). De même, les caravanes et colporteurs qui reliaient, à travers la Lydie, les vallées du Tigre et de l'Euphrate à celles du Ménandre et de l'Hermus ont contribué à faire connaître aux Hellènes la science orientale (pp. 178-179).
    [23] SAUNERON, *op. cit.*, p. 114.
    [24] SAUNERON, *op. cit.*, p. 155.
    [25] J. CHEVALIER, *La pensée antique,* pp. 60 et 84.

subtiles et rigoureuses... (Avec eux) nous sommes loin de la mathématique des Egyptiens et des Chaldéens, recueil de procédés pour la solution des problèmes de vie usuelle dont la raison échappe. »

Et c'est pourquoi l'on peut dire avec L. Rougier qu'au lieu de se contenter comme les orientaux de « l'évidence sensible qui constitue le comment des choses, les Hellènes ont voulu en expliquer le pourquoi » [26].

Ainsi, le génie grec a su, partant de notations éparses et contingentes, constituer une raison dont les caractères d'universalité et de nécessité contrastaient singulièrement avec les observations approximatives et non formalisées de l'Egypte ou de la Babylonie. Les Grecs ont su concevoir les principes théoriques, les lois générales, ils ont su élaborer les premières structures scientifiques, ils en ont découvert les méthodes et en ont respecté les exigences, ce que n'avaient pu réaliser Chaldéens ou Egyptiens.

Tel est, trop brièvement esquissé sans doute, un aperçu du problème des rapports de la Grèce et de l'Orient.

Les conclusions que nous pouvons en tirer sont assez minces. Il n'est certes point douteux que des contacts se sont produits en des temps assez lointains, mais il est fort malaisé de les préciser et d'établir une ligne de partage entre l'apport de l'Orient et celui du génie grec. Sans nier l'influence de l'Egypte ou de la Babylonie, nous devons reconnaître l'originalité de l'esprit hellénique; celui-ci a créé la science, il a découvert et perfectionné les méthodes d'investigation rationnelle, il a structuré la masse désordonnée des observations que les orientaux avaient rassemblée d'une manière tout empirique encore. Certes, il reste difficile d'identifier ce

---

[26] L. ROUGIER, *La métaphysique et le langage*, Paris, 1960, p. 52.

qui est emprunt direct ou transposition originale mais la griffe du génie grec ne doit pas être méconnue, quel que soit l'apport de l'Orient.

Quant au thème de la réminiscence, il se peut qu'il trouve son origine, à travers Pythagore, en Orient. Mais nous ne pouvons l'affirmer en toute rigueur. Les contacts hypothétiques de Platon et des mythologies égyptiennes ou chaldéennes, le contenu encore incertain de nombreuses doctrines pythagoriciennes ne nous permettent pas de donner un nom précis aux prêtres dont nous parle Socrate dans le *Ménon,* ils ne nous permettent pas de découvrir la signification exacte de ces textes. L'étude que nous poursuivons n'aura donc pour but que de clarifier quelque peu les données du problème.

Abordons maintenant les philosophes présocratiques. Sans vouloir les scruter en profondeur, notre analyse découvrira — nous osons du moins l'espérer — ce qui les distingue de Platon et ce qui les rapproche, ce que le disciple de Socrate leur doit et ce qu'il néglige de leur héritage.

On affirme généralement que Thalès de Milet a jeté les bases de la science et de la philosophie. « La tradition le représente, écrit J. Chevalier, comme le premier qui se soit " adonné à la recherche désintéressée et en ait montré les implications " [27]. »

Ce fut lui, dit-on, qui rompit avec un passé tout baigné de magie, un passé où l'idée que l'on se faisait de l'homme et du monde ne révélait rien encore de vraiment scientifique, un passé où le roi était aussi bien grand-prêtre que devin. Thalès, affirme-t-on, libéra l'être humain de tout mysticisme, découvrit les bases de l'objectivité rationnelle et fut le pre-

[27] J. CHEVALIER, *op. cit.,* p. 67.

mier des savants techniciens [28], devenant ainsi le véritable créateur de la science occidentale, cherchant « l'origine et les raisons des choses », tentant « d'expliquer la genèse et l'organisation du monde selon des lois immuables » [29]. Inventeur d'un instrument (la raison) aussi souple que précis, il devint l'initiateur de la recherche philosophique et permit aux penseurs grecs d'élaborer un ensemble de doctrines dont nous vivons encore.

On a donc coutume de présenter Thalès et ses disciples comme ayant soudain engendré ce qui allait devenir notre plus bel héritage : la civilisation grecque. Ils apparaissent comme ayant radicalement rompu avec le passé; inventeurs de la raison, ils semblent ne rien devoir à leurs prédécesseurs mais deviennent les artisans de ce qu'on appelle le « miracle grec ».

Ils ne sont point les seuls d'ailleurs à jouir d'un grand prestige : Héraclite, Parménide, Empédocle, Anaxagore et Démocrite recueillent l'admiration que nous avons coutume de témoigner aux pionniers, à ceux qui ont, les premiers, établi les bases d'une recherche objective [30].

---

[28] J. CHEVALIER (*op. cit.*, p. 67) précise : « Il a su, par la considération des triangles semblables, calculer la distance des navires en mer et la hauteur d'un monument, prévoir (de même) le temps à l'aide des observations astronomiques et météorologiques. »

[29] J. CHEVALIER, *op. cit.*, p. 67.

[30] C. RAMNOUX (*Héraclite ou l'homme entre les choses et les mots,* Paris, 1959, p. I) décrit fort bien cette tendance des historiens modernes : « Les histoires de la philosophie occidentale, écrit-elle, mettent une grande différence entre Hésiode et Héraclite : une fissure infranchissable autrement que par un bond, le premier saut dans une "science" rationnelle. Ce serait l'acquis des Grecs d'Ionie, et leur titre à la reconnaissance de la culture européenne que d'avoir surmonté le type de pensée qui s'exprime avec des représentations "mythiques". S'il subsiste dans leur vocabulaire des fragments de nomenclature religieuse, ce serait un résidu mal expurgé, le témoin attardé d'un vocabulaire archaïque dans un registre en voie de formation ou encore une concession lénifiante aux théologies de l'époque. On aurait donc tout à gagner à les expurger davantage pour les mieux éclairer dans

Cette création s'est-elle cependant produite comme nous venons de le dire ? Est-elle une efflorescence philosophique soudainement apparue dans la société grecque, vouée jusque là au mythe et au ritualisme magique ? Est-elle en un mot une nouveauté radicale ? L'affirmer nous semble présomptueux. Il ne paraît point qu'une telle création ait pu se produire sans plonger de profondes racines dans les cosmogonies antérieures, sans se fonder — beaucoup plus qu'on ne le pense — sur ces doctrines traditionnelles, sérieusement implantées au cœur de chaque citoyen. Le bon sens nous oblige à reconnaître que des rapports ont dû exister entre la philosophie naissante et les cosmologies antérieures, il nous oblige à reconnaître que l'on peut retrouver dans les balbutiements de la science grecque primitive l'influence d'antiques traditions. Une découverte aussi importante que celle de la raison n'apparaît point soudainement sans porter la marque du milieu où elle est née.

Il nous appartient donc, — dans les limites que nous nous sommes fixées, — de déceler la présence de ces doctrines au sein de la pensée présocratique, inspiratrice immédiate de Platon. Nous verrons ainsi combien le philosophe d'Athènes demeure encore profondément influencé par les conceptions de cette Grèce primitive, riche en mythes et en traditions religieuses. Nous verrons plus précisément comment Platon accueille ces cosmologies, comment il les assimile et les transforme, comment il les métamorphose et les rationalise en les soumettant aux exigences de la dialectique. Nous pourrons ainsi souligner les similitudes et les oppositions existant entre le thème de la réminiscence et les doctrines qui en constituent

le sens d'une philosophie des lumières et la perspective d'une histoire rationnelle de " l'Occident ". »
    C. Ramnoux s'insurge évidemment contre semblable conception de la pensée primitive. Elle refuse une rationalisation excessive des philosophes présocratiques. Nous ne pouvons que partager son opinion.

la source. Nous saisirons sur le vif la manière dont le philosophe athénien transpose en un langage rationnel ce qui appartenait jadis au domaine du mythe et de la légende. Le thème de l'anamnèse s'en éclairera d'autant mieux.

A l'époque où la raison n'était pas encore née, régnait en Grèce un personnage aussi vénéré que puissant : le devin. Celui-ci jouait le rôle d'un prophète, d'un sage et quelquefois d'un roi. Personnage au pouvoir oraculaire, interprète fidèle du dieu, il apparaissait comme l'incarnation de la divinité. Celle-ci le possédait et lui révélait les mystères sacrés de la Nature, ce que les mortels ne pouvaient connaître et osaient à peine entendre. Dépositaire des secrets d'en haut, le devin s'exprimait en un langage obscur et tout chargé de symboles. Les mots dont il se servait lui donnaient un pouvoir démiurgique sur le monde. Tout imprégnés de la force divine, les discours du prophète transformaient l'univers et l'histoire des hommes. L'on comprend dès lors pourquoi le devin, démiurge et incarnation de la divinité, tenait souvent les rênes du gouvernement et cumulait les charges du culte religieux et de la politique.

Cet homme était donc l'élu du Seigneur, celui entre les mains duquel tout était rassemblé et duquel tout dépendait. Il était en un mot le « Sage », celui que l'on avait coutume de consulter [31] et dont la science n'était point humaine.

[31] Il serait peut-être intéressant d'introduire ici Orphée, ce musicien ensorceleur, fils de la Muse Calliope. A l'origine d'un courant aussi considérable que mystérieux, sa personnalité intrigue tous les commentateurs. Certains vont jusqu'à mettre en doute son historicité, entre autres, C. RAMNOUX (*op. cit.*, p. 370), I. LINFORTH (*The Art of Orpheus*) et DODDS (*op. cit.*, Berkeley, 1951). D'autres, tel GUTHRIE (*Orpheus and greek Religion*, London, 1935, p. 2) rappellent qu'Aristote lui refusait déjà l'existence à une époque où les poèmes orphiques avaient encore une audience indéniable, ils remarquent qu'Hérodote ne le mentionne point mais parle seulement des *Orphica*

Les révélations de ce prophète [32] constituaient un ensemble de mythes qui imprégnaient profondément l'âme grecque. Ces mythes lui expliquaient le monde et fondaient ses croyances. Ils assuraient l'unité politique et culturelle de tous les

au neutre pluriel, c'est-à-dire des hymnes orphiques. Guthrie note encore qu'Orphée ne possède pas une personnalité unique mais deux ou trois. Qui plus est, il fut adopté en tant que fondateur par quelques sectes mystiques, probablement au début du sixième siècle; les chefs de ces groupes cultuels n'hésitèrent pas à s'affubler de l'ancien nom et à composer sous ce masque des poèmes de nature religieuse (p. 47). Etudiant les rapports d'Empédocle et de l'orphisme, C. Ramnoux aboutit à des conclusions analogues : « L'orphisme, écrit-elle, se résoudrait (*sic*) en la simple habitude de signer avec un nom prestigieux des poésies religieuses. Il conviendrait donc de renverser les termes du problème : ne pas demander si Empédocle exploite une poésie orphique archaïque, mais demander à la place si la poésie orphique plus récente que l'on connaît n'exploite pas Empédocle. C'est largement prouvable (p. 140). »
    LINFORTH (*op. cit.*, Berkeley, 1941, p. 87) et DODDS sont du même avis.
    Quoi qu'il en soit, que l'on affirme l'existence historique du musicien ensorceleur ou qu'on la nie, il nous semble qu'Orphée possède tous les caractères du devin. Ainsi que l'affirme Guthrie, il apparaît comme un prophète dont les révélations (objets des hiérologoi) ressemblent étonnamment à celles du devin. En outre, il en grattant sa lyre, d'une puissance incantatoire; fils de la Muse Calliope, il détient certains privilèges qui en font un être à part, un être favorisé des dieux. Ne sont-ce point là autant de traits de la personnalité du prophète ? Si l'on accepte cette hypothèse, Orphée en devient pour ainsi dire l'Idée ou l'Archétype... .
[32] CORNFORD (*Principium Sapientiae, The Origins of greek philosophical Thought*, Cambridge, 1952, p. 95) décrit très bien la nature de la personnalité du devin : « En contraste avec les prêtres de communauté plus avancée, qui ont leur office héréditairement ou donné par une autorité centrale, le shamane n'a pas d'organisation. Son droit est fondé sur l'inspiration divine, prouvé par sa supériorité intellectuelle, spirituelle et artistique. L'appel vient souvent dans l'adolescence ou la jeune maturité, d'un ancêtre mort qui lui apparaît en vision ou en rêve, ou il est le résultat d'une maladie... La connaissance révélée couvre le champ entier de l'expérience et de la conscience humaine, passé, présent caché ou futur, incluant information " scientifique " ou historique... A ce niveau où toute connaissance exceptionnelle, dépassant l'expérience quotidienne de l'homme moyen, est obtenue par inspiration, elle constitue un corps de sagesse qui est sacrée ou " mystérieuse " (pp. 96-97). »

citoyens. Ils répondaient aux aspirations les plus hautes comme les plus intimes de l'Homme. Les méconnaître, les dédaigner revenait à se trahir soi-même et à se retrancher de la communauté [33].

Il advint cependant que quelques esprits conçurent de la méfiance à l'égard de doctrines qu'un individu, entouré de mystère, proférait en un langage obscur, sous l'égide d'une divinité invisible. Ils estimèrent pouvoir découvrir une autre méthode, opposée à celle du devin mais tout aussi apte à déceler le secret du monde, méthode rigoureuse puisque fondée sur l'observation objective. Ces hommes dont l'indépendance d'esprit était assurément remarquable, mirent la raison à l'ordre du jour. Ils tentèrent de la rendre autonome et de lui reconnaître une primauté absolue.

Mais il ne faut point croire que cette révolution épistémologique s'est effectuée aussi radicalement que nous venons de le dire. Les philosophes présocratiques, avant d'élaborer une nouvelle méthode de réflexion, tâtonnèrent longtemps, s'engagèrent sur de fausses pistes et se perdirent dans l'infini de nombreux cercles vicieux. Aucun n'osa aller jusqu'au bout de ses principes et tous se firent de la raison une conception tronquée, confuse et somme toute assez peu satisfaisante. Si

---

[33] L'être humain qui n'adhère plus aux croyances traditionnelles ou qui se trouve, pour un motif quelconque, exclu de la communauté subit une mort plus radicale que s'il perd physiquement la vie : il devient un exilé, un être sans destinée ni signification, ce que M. Gabriel Marcel appellera beaucoup plus tard « l'homme de la baraque »». S'il éprouve au contraire une mort purement biologique, il devient un ancêtre et demeure par là uni à la Communauté.

Socrate craindra toujours le déracinement, cette mise au ban de la cité. Il refusera dans le *Criton,* de se soustraire à ses juges, de quitter Athènes et ses Lois. Il préférera boire la ciguë plutôt que de prendre la fuite et de mourir ainsi aux us et coutumes de sa ville natale, en leur faisant, au surplus, grand tort (52 D).

leur mérite est indéniable, ils ne furent cependant que les premiers initiateurs, très embarrassés d'un tour d'esprit archaïque dont ils ne purent jamais s'évader complètement.

Car — il faut y insister — les philosophes présocratiques ne firent jamais — malgré qu'ils en eurent — table rase du passé et du milieu où ils évoluèrent. Ils désirèrent certes s'émanciper mais ils demeurèrent pénétrés des traditions dont leur enfance s'était nourrie. Ils ne purent oublier entièrement ces doctrines que l'éducation avait profondément enracinée dans leur âme. Ils ne purent rester insensibles à la mentalité de leur temps, aux mœurs de leurs concitoyens, fort imprégnées encore de mysticisme. Ils dépendirent toujours de ces courants de pensée dans la mesure même où ils s'y opposèrent. Il ne faut donc point s'étonner de voir leurs tentatives d'émancipation rencontrer maints obstacles et ne pouvoir totalement s'affranchir des traditions primitives. Il n'y a donc point une coupure radicale entre ces philosophes et leurs prédécesseurs mais une certaine continuité, plus profonde qu'il n'y paraît d'abord. Certes, la révolution que les penseurs antésocratiques ont opérée est remarquable : instaurer — ne fût-ce que timidement — le règne de la raison, promouvoir si peu que ce soit l'autonomie de l'esprit, tout cela constitue une œuvre capitale; il n'en reste pas moins que dans leur effort d'émancipation, ces philosophes ne purent se libérer totalement des structures de pensée archaïques, fruits de leur éducation.

Cornford [34] nous en donne un bon exemple lorsqu'il souligne les similitudes existant entre l'exposé philosophique

[34] CORNFORD, *op. cit.*, pp. 159-224. J.P. VERNANT (*Les origines de la pensée grecque*, Paris, 1962) montre fort bien que la raison des philosophies présocratiques se distingue de celle que nous connaissons aujourd'hui : « Avènement de la Polis, naissance de la philosophie; entre les deux ordres de phénomènes, les liens sont trop serrés pour que la pensée rationnelle n'apparaisse pas, à ses origines, solidaire des structures sociales et mentales propres à la cité grecque. Ainsi

d'Anaximandre et l'œuvre d'Hésiode. Comme J.P. Vernant [35] le fait très justement remarquer, « le processus d'élaboration qui aboutit à la construction naturaliste du philosophe est déjà à l'œuvre dans l'hymne religieux de gloire à Zeus que célèbre le poème hésiodique. Le même thème mythique de mise en ordre du monde s'y répète en effet sous deux formes qui traduisent des niveaux différents d'abstraction ». De son côté, C. Ramnoux, étudiant les tables onomastiques d'Hésiode et d'Héraclite découvre entre ces deux auteurs une profonde communauté : la Nuit, la Mort, le Sommeil, la Guerre, la Faim et probablement le Mensonge se retrouvent, écrit-elle, dans les catalogues d'Hésiode et d'Héraclite, non certes en tant que signes verbaux mais comme réalités toutes chargées encore de puissance magique [36]. De même, un peu plus loin, elle montre, fort judicieusement nous semble-t-il, que le poème d'Empédocle utilise un « vocabulaire de tradition et constitue même la meilleure voie d'accès à cette tradition » [37]. Elle souligne en outre qu'Aristote savait fort bien qu'Empédocle faisait de la théologie « en ayant l'air de faire de la physique » [38]. De son côté, J.P. Vernant [39] affirme que « la forme de poème dans laquelle s'exprime encore une doctrine aussi abstraite que celle de Parménide traduit cette valeur

replacée dans l'histoire, la philosophie dépouille ce caractère de révélation absolue qu'on lui a parfois prêté en saluant, dans la jeune science des Ioniens, la raison intemporelle venue s'incarner dans le temps. L'Ecole de Milet n'a pas vu naître la Raison, elle a construit une raison, une première forme de rationalité » (p. 127). « ... la philosophie est enracinée dans cette pensée politique dont elle emprunte une partie de son vocabulaire. Il est vrai qu'assez vite, elle s'affirme plus indépendante. Dès Parménide, elle a trouvé sa voie propre (p. 126). »

[35] J.P. VERNANT, *Du mythe à la raison. La formation de la pensée positive dans la Grèce archaïque*, in « Annales », 2, 1957, p. 184.

[36] C. RAMNOUX, *op. cit.*, p. 6.

[37] C. RAMNOUX,, *op. cit.*, p. 141.

[38] C. RAMNOUX, *op. cit.*, p. 207.

[39] J.P. VERNANT, *op. cit.*, p. 194.

de révélation religieuse que garde la philosophie naissante. Au moment où le philosophe cherche à préciser sa propre démarche, la nature de son activité spirituelle, l'objet de sa recherche, il utilise le vocabulaire religieux des sectes et des confréries, il se présente lui-même comme un élu, un theios anèr qui bénéficie d'une grâce divine, il effectue dans l'au-delà un voyage mystique... » [40].

D'autre part, s'il est vrai d'affirmer que les Ioniens ont fondé la physique, il serait pour le moins audacieux de croire qu'ils ont découvert et appliqué les méthodes expérimentales, seules adéquates en cette matière. Certes, comme l'écrit Guthrie, les Ioniens rejettent les réponses de la mythologie aussi bien que celles du raisonnement purement abstrait. Ils sont les premiers à fonder une explication sur la nature du monde physique lui-même. Ils présentent l'apparente complexité de l'univers sensible comme le fruit des différentes manifestations ou métamorphoses d'un principe unique. Il n'en reste pas moins que « la physique ionienne n'a rien de commun avec ce que nous appelons science; elle ignore tout de l'expérimentation, elle n'est pas non plus le produit de l'intelligence observant directement la nature. Les cosmologies des philosophes reprennent et prolongent les mythes cosmologiques. Elles apportent une même réponse au même type de question : comment un monde ordonné a-t-il pu émerger du chaos ? Elles utilisent un matériel conceptuel analogue [41] ». Et J.P. Vernant ajoute un peu plus loin : « Pour la pensée grecque, ... la raison ne se découvre pas dans la nature. Elle est immanente au langage... [42] » Elle n'est point un instrument qui permet de connaître ou de transformer la nature mais elle se manifeste dans un arrangement de mots, un jeu de concepts et de catégories, qui ne

[40] J.P. VERNANT, *op. cit.*, p. 193.
[41] J.P. VERNANT, *op. cit.*, p. 184.
[42] J.P. VERNANT, *op. cit.*, p. 205.

s'identifient nullement à la nature mais la métamorphosent; cette idée est essentielle à la compréhension de la philosophie présocratique : les premiers penseurs grecs ont opéré d'abord une révolution verbale, ils ont désacralisé les anciens mots, ils les ont démystifiés, donnant un sens nouveau à l'ancien vocabulaire. Si l'on n'admet pas cet aspect du mouvement spirituel antésocratique, l'on risque de ne point comprendre son effort d'émancipation. Appliquant ce que nous venons de dire à l'école ionienne [43], A. Rey écrit qu'elle opère « une laïcisation du mythe cosmogonique... les sciences de la nature ne sont pas encore nées, à part les bonnes observations médicales et chirurgicales... Ce qui les remplace — à notre connaissance documentaire, du moins — c'est encore le mythe ou des dérivés très proches du mythe » [44]. C. Ramnoux ajoute un argument à la conclusion d'A. Rey : « à cette époque, écrit-elle, la matière au sens où nous l'entendons demeurait une notion inconcevable; ni le mot, ni la catégorie n'existaient... [45] ».

La philosophie présocratique se révèle ainsi profondément unie aux traditions de la Grèce archaïque. Elle leur est soumise quant aux matières qu'elle traite, elle reprend les schèmes et les structures que ces cosmogonies primitives avaient

[43] A. REY, *La jeunesse de la science grecque*, Paris, 1933, pp. 124-125.

[44] A. REY, *op. cit.*, pp. 509-510.

[45] C. RAMNOUX, *op. cit.*, p. 9. Elle corrobore ce qu'A. RIVAUD (*Le problème du Devenir et la notion de la Matière dans la philosophie grecque depuis les origines jusqu'à Théophraste*, Paris, 1905, p. 2) écrit : « Le problème de la matière n'existe pas dans la philosophie grecque ancienne. Non seulement jusqu'à l'époque d'Aristote, la matière n'a pas de nom en grec mais encore le mot du vocabulaire d'Aristote que nous traduisons par le terme de matière ne désigne que par exception la substance étendue et résistante des corps. Au contraire, nous trouverons dans toute la littérature grecque ancienne certaines images du changement et du devenir qui jouent dans la physique des Grecs un rôle analogue à celui que remplit, dans la science moderne, l'idée de matière. »

coutume d'utiliser. Elle ne peut encore se purifier de tout esprit mythique, de tout halo magique, héritage du devin. Elle ignore l'expérience et procède par la méthode des postulats. Le langage n'est pas encore cet instrument docile qui exprime avec fidélité le monde concret.

Il apparaît tantôt comme un masque qui dérobe l'univers, tantôt comme une puissance créatrice d'une réalité originale — la seule qui importe vraiment [46].

Qu'on y prenne garde néanmoins : quoiqu'ils n'aient jamais pu rejeter complètement les mythes et les cosmogonies primitives, les philosophes présocratiques entendent, sinon les rationaliser tout à fait, du moins ne plus leur reconnaître qu'une signification allégorique : apparemment impies et sacrilèges, ils veulent laïciser ces antiques légendes; ce qu'un dieu semblait créer jadis, ils l'attribuent désormais à un principe qui n'est sans doute point encore totalement désacralisé mais dont la nature est déjà profondément « terrestre ». Comme l'écrit très justement A. Rey, « l'esprit hanté par les mythes ambiants, ... les Ioniens ont cherché d'abord à les confirmer en fait et non plus par routine, ce qui les a amenés à les critiquer en fait aussi, à les transformer, enfin à les remplacer sans respect pour la croyance traditionnelle si elle n'est pas justifiée » [47]. Rey résume bien ce que nous voulons dire : la philosophie présocratique et les Ioniens en particulier ont repris la matière des vieux mythes en l'éclairant d'un point de vue nouveau : celui d'un homme qui est sur le point de découvrir l'autonomie de son esprit et qui en entrevoit toute la puissance. Mais la mutation d'une men-

---

[46] C. RAMNOUX (*op. cit.*, p. 27) a bien compris cet aspect de la philosophie présocratique. « L'invention verbale, écrit-elle, est le signe d'un âge où les mots assument la fascination exercée par la figure des choses... Vient le temps d'après où l'homme commence à se défier des mots. Les mots mentent encore plus facilement que la figure des choses, et même que la figure de la femme. »

[47] A. REY, *op. cit.*, p. 473.

talité mythique en une mentalité rationnelle ne s'opère point sans hésitation, maladresse ou faux pas. Erreurs, déviations, échecs avoisinent de belles réussites. On a raison d'écrire qu'à cette époque « la pensée grecque ne cesse de se débattre entre la poussée vers un discours sobre (c'est-à-dire un langage rationalisé) et sa réinvolution (*sic*) en imagerie fascinante (c'est-à-dire un retour au mythe) » [48]. L'homme, d'abord attiré par les mots dont les combinaisons et les jeux extraordinaires engendrent « des sens inentendus » [49], leur accorde une puissance démiurgique [50]. Vient alors le temps où il commence à s'en défier : il découvre en effet qu'ils déforment et trahissent la réalité : leur équivocité, leurs rapports infinis lui appa-

[48] C. RAMNOUX, *op. cit.*, p. 26.
[49] C. RAMNOUX, *op. cit.*, p. 29.
[50] L. ROUGIER (*op. cit.*, p. 35) écrit : « Le nom est partie intégrante de l'essence d'une chose, de la personnalité d'un être vivant. Il est pour beaucoup de primitifs l'équivalent de l'âme. Tout mot désigne une réalité à laquelle il est consubstantiellement lié... et toute réalité, être, objet, phénomène, possède un nom intrinsèque qui lui est propre ... (De cette conception) est issu le principe de la magie incantatoire qui consiste en ce que le nom équivaut à la chose si bien qu'il n'est que de prononcer le nom pour susciter celle-ci et s'en rendre maître. »
Cette conception du mot et de ses rapports avec l'objet ou le phénomène qu'il désigne, si bien résumée par L. ROUGIER, nous la retrouvons dans le *Cratyle* de Platon. Socrate demande à son interlocuteur : « Quelle vertu nous font voir les noms et quel bon effet devons-nous leur attribuer ? — C'est d'enseigner, à mon avis, Socrate et on peut dire absolument que quand on sait les noms, on sait aussi les choses. — Sans doute veux-tu dire, Cratyle, que lorsqu'on saura de quelle nature est le nom (et il est de même nature que l'objet), du même coup, l'on connaîtra aussi l'objet puisqu'il se trouve être semblable au nom et qu'à ce compte, il n'existe qu'une seule et même science pour toutes les choses semblables entre elles. Telle est, je crois, ta pensée quand tu dis que celui qui connaît les noms connaît aussi les choses. — Rien de plus vrai » (435 DE).
Précisons que le philosophe athénien combat cette théorie comme il combat celle d'Hermogène selon laquelle le langage possède une origine purement conventionnelle; remarquons cependant qu'à l'époque même où la philosophie grecque connaît son apothéose, certains défendent encore une conception dont la source se situe dans la mentalité primitive.

raissent maintenant comme les signes indéniables de leur duplicité [51] Il les rejette et opère un retour à la chose elle-même. Il la démystifie et crée, à partir de l'ancien, un nouveau vocabulaire. Celui-ci ne se compose plus que de mots dépouillés de toute résonance mythique [52] et propres à ne traduire que la réalité. Cette démystification résulte d'une disposition d'esprit que l'être humain vient à peine d'acquérir et dont il ne comprend pas encore toutes les implications; « tout se passe comme si l'homme s'appuyait sur le discours pour échapper à la fascination des choses, et sur les choses pour échapper à la fascination des mots [53]. Le philosophe présocratique lutte contre le langage et la réalité, il tente d'élaborer un vocabulaire sobre et s'émancipe ainsi de la tutelle des mots aussi bien que des choses concrètes. Et c'est pourquoi on a raison, ce nous semble, d'affirmer que l'éclosion de l'esprit philosophique découle d'une métamorphose du vocabulaire [54], de ce vocabulaire dont le rôle est essentiel :

---

[51] C. Ramnoux étudie longuement certains jeux de mots, entre autres celui d'Hélène dont l'*Agamennon* d'Eschyle (vers 681-781) nous donne une illustration.

L'infinitif aoriste élein est celui d'airein (enlever). Hélène est celle qui enlève, elle dérobe au mari la satisfaction substantielle du désir, le provoquant à la guerre qui ôte la vie aux hommes. Hélène enlève et elle est enlevée. Mais il existe un autre être qui enlève et est enlevé, c'est Perséphone, c'est la Mort. Hélène « à la belle apparence », dissimule sous un masque le visage du Trépas. C'est celui-ci que nous découvrons en la dévoilant. « La vérité, le nom l'avait dite, lu par un bon « interprète », habile à percer le double sens des mots » (*op. cit.*, pp. 38-39).

De son côté, L. Rougier écrit : « Nous n'hésiterons pas, pour notre part, à (l'origine de la métaphysique) rechercher dans certaines particularités de la langue grecque, dans le désaccord entre sa syntaxe grammaticale et sa syntaxe logique, étant bien entendu qu'il s'agit d'une condition nécessaire mais non suffisante car la prose antique eût pu exister sans que surgissent des génies comme Parménide, Platon et Aristote (*op. cit.*, p. 7). »

[52] C. RAMNOUX, *op. cit.*, p. 27.

[53] C. RAMNOUX, *op. cit.*, p. 27.

[54] C. RAMNOUX, *op. cit.*, p. 259.

innommée, la réalité n'est en effet, pour l'homme, qu'un bloc opaque, étranger, redoutable. L'esprit n'a aucune prise sur elle, elle n'existe point réellement et lui échappe en son mystère profond. Vient l'heure où l'être humain lui donne un nom : il croit alors la comprendre et en dévoiler les secrets. Elle perd son opacité, son hétérogénéité; l'esprit, en la nommant, lui donne droit à l'existence, une existence bien définie, parfaitement circonscrite et nullement redoutable, une existence en quelque sorte apprivoisée et digne d'attention. L'homme, cependant, a tôt fait de découvrir la duplicité du langage. Tout en continuant à multiplier les combinaisons de mots, se complaisant aux ambiguïtés verbales et aux jeux purement linguistiques, il s'attache désormais à créer un vocabulaire original qui traduirait aussi fidèlement que possible la réalité fuyante. Comme le souligne fort bien C. Ramnoux [55], l'activité de l'esprit « porte à cette époque le double visage de la jonglerie et de la saine gravité ». L'homme passe tour à tour du jeu à la gravité, et de la gravité au jeu. Une même expression possède de multiples significations : l'on peut y retrouver, selon son envie, un jeu de mots habile, une énigme dont la solution n'est connue que de quelques-uns, un aphorisme enfin que l'on peut comprendre de diverses manières [56].

---

[55] C. RAMNOUX (*op. cit.*, p. 39) parle ici du *Cratyle* de Platon mais ce qu'elle écrit peut s'appliquer à ce que nous venons de dire. L'esprit de l'homme passe sans cesse à cette époque de la gravité à l'humour et de l'humour à la gravité, sans réussir à séparer les genres. Il exerce ses puissances toutes neuves de raisonnement sur une matière malléable à souhait, riche en virtualités multiples et c'est ainsi que, dans ses apophtegmes, le philosophe présocratique mêle l'obscur à l'évident, le sérieux à la facétie, le jeu de mots à l'aphorisme le plus limpide. Ayant découvert sa puissance, l'esprit ne peut encore se discipliner ni respecter certaines règles sans lesquelles il n'est point de fécondité véritable. Il ignore que la liberté de l'intelligence ne doit pas être un éclectisme anarchique.

[56] Si l'on veut un exemple de l'évolution d'un mot depuis sa genèse jusqu'à l'époque socratique, que l'on suive une fois encore C. Ramnoux. Celle-ci étudie le terme « Nuit ». « L'historique des valeurs (de ce vocable), écrit-elle, se laisserait schématiser ainsi :

Les philosophes présocratiques se situent au moment où le mot, tout en se désacralisant, demeure néanmoins chargé de puissance magique. Ils occupent donc une place intermédiaire dans la genèse de la rationalité. Ils innovent autant qu'ils conservent, illustrant l'une des étapes que l'homme devra parcourir depuis celle où il nomme les puissances qu'il découvre dans la réalité jusqu'à celle où il est près de conquérir son autonomie spirituelle, étape où l'esprit hésite, tâtonne, se trompe, se ravise, tourne en rond et essaie diverses voies contradictoires, étape indispensable cependant dans la mesure où elle lui permet de se chercher et de se découvrir. Oscillant entre l'autonomie rationnelle qu'ils sont en train d'acquérir et les traditions dont ils ne peuvent encore se détacher tout à fait, les philosophes présocratiques nous apparaissent comme autant d'esprits de transition. De nouvelles divinités se substituent aux anciennes et constituent les avatars d'un effort d'émancipation qui n'a pu se poursuivre jusqu'au bout. Elles sont, si l'on ose dire, l'ivraie au milieu du froment et témoignent des difficultés de l'homme dans sa marche vers la rationalité.

1º Il nomme une épiphanie de la puissance (nocturne) présente et à l'œuvre dans le rite nocturne ou tout simplement dans les expériences émouvantes que l'homme fait communément la nuit.

2º Il nomme une puissance rangée à la seconde et même à la troisième place dans les généalogies (divines). On lui attribue les honneurs de la Prophétesse, la Reine ou la Mère, et quelquefois tous à la fois.

3º Il n'est plus rien qu'un nom; l'image de la Reine prophétesse s'efface. Le nom conserve un pouvoir d'incantation.

4º Il n'est plus rien qu'un mot, semblable à tous les autres. Dans la langue commune, il sert à désigner le phénomène démystifié de la nuit de tous les soirs, et bientôt le phénomène scientifiquement expliqué par l'occultation du soleil.

5º Une tradition latérale conserve les généalogies et la pratique du jeu de mots; on fait dire aux mots en les torturant (*sic*), des sens scientifiques ou philosophiques. On range les étapes d'une dialectique sur des structures calquées d'après les générations des théogonies » (*op. cit.*, p. 39).

La philosophie présocratique possède ainsi les caractères d'une période d'entre deux. Elle se rattache par des liens puissants à l'époque précédente, elle recueille son héritage et le perpétue. Mais elle prépare les pensées ultérieures, celles de Platon et d'Aristote, mais elle réalise une tâche novatrice en démystifiant les cosmogonies primitives, en rationalisant les vieux discours sacrés, en forgeant un nouveau vocabulaire. En résumé, elle n'est qu'une préfiguration de l'autonomie de l'esprit.

Pour nous en convaincre, esquissons une brève histoire de la pensée antésocratique.

LES SOURCES DU THEME PLATONICIEN DE LA REMINISCENCE

Thalès, fondateur de l'école milésienne, appartient, d'après la tradition, à une ancienne famille de prêtres-rois. Il serait donc issu de cette caste de personnages sacrés à qui l'on confiait tout à la fois le pouvoir politique et le culte religieux. On peut en déduire, si l'on admet cette tradition, qu'il connaissait parfaitement les mythes anciens et qu'il était au fait des courants religieux les plus authentiques [57]. Ces mythes et ces cosmogonies constituaient l'héritage ancestral. S'il s'y est opposé plus tard, il n'a pu les oublier tout à fait. C'est à partir de ces traditions archaïques qu'il va tenter d'élaborer une nouvelle manière d'expliquer et de comprendre l'univers. Même en les combattant, il dépend d'elles encore.

---

[57] Cette ascendance n'est point formellement prouvée mais elle est significative : que Thalès eût un aïeul de sang royal ou non, le fait qu'on lui attribue cette filiation montre que les contemporains du philosophe étaient conscients des rapports existant entre sa pensée et les traditions anciennes. Ils savaient que, tout en s'en distinguant avec audace, Thalès conservait certaines attaches avec les devins et leurs émules.

Là où ces cosmogonies découvraient l'action d'un dieu, là où elles affirmaient que tout obéit à un ordre d'en haut, Thalès fait apparaître un principe unique qui n'est plus à proprement parler une divinité mais qui n'en possède pas moins encore certains caractères sacrés, un principe non pas matériel au sens strict (puisque ce mot n'existe pas à l'époque dont nous parlons) mais un principe *nécessaire* qui fonde et explique l'univers. A. Rey reconnaît fort justement ce que Thalès doit aux anciennes cosmogonies : « Que (son) esprit, écrit-il, si près encore des mythes et de la magie..., soit encore imprégné de la cosmogonie traditionnelle, cela pourrait difficilement faire de doute ... Thalès garde de la théogonie primitive, l'idée de filiation, de succession. Mais il en fait une succession chronologique et naturelle s'il continue peut-être toujours à la doubler d'une suite divine (tout est plein de dieux) [58]. » En ces quelques lignes, A. Rey situe très exactement celui que l'on a coutume d'appeler le premier philosophe. Il le montre héritier du passé dans la mesure où il met en relief ce qui rattache encore Thalès aux cosmogonies traditionnelles, il le montre réformateur audacieux dans la mesure où il souligne son effort de laïcisation.

Si nous étudions brièvement la pensée des disciples de Thalès, Anaximandre et Anaximène, nous ne pourrons qu'émettre les mêmes remarques. Tous deux connaissent parfaitement les mythes et les traditions de l'époque antérieure [59]. Parlant du premier, A. Rey n'écrit-il pas :

[58] A. REY, *La jeunesse de la science grecque*, Paris, 1933, pp. 37-38.
[59] G. THOMPSON (*Studies in ancient greek Society, II - The first Philosophers*, London, 1955, p. 137) écrit : « Thalès et Anaximandre, fondateurs de l'école milésienne, appartenaient aussi à une famille de prêtres-rois. » Ils ont des liens familiaux avec un clan « de haute noblesse sacerdotale, les Thebtai, qui proviennent eux-mêmes d'une famille thébaine de prêtres-rois, les Kadmeioi, venus de Phénicie. Les

« Ne croyons point ... qu'il ne reste rien de la mentalité antérieure dans l'esprit d'Anaximandre ... D'où viennent ces distances de vingt-sept diamètres terrestres pour le soleil, de dix-huit de ces diamètres pour la lune et de neuf diamètres pour le cercle des étoiles le plus voisin de nous ? Sans doute, comme Diels le fait remarquer (*Arch.* X, p. 229) de ce que la progression neuf, dix-huit, vingt-sept (multiples de trois) joue un rôle considérable dans les cosmogonies primitives... [60]. »

Qu'on y prenne garde néanmoins. Tout comme Thalès, Anaximandre, quoique ne pouvant rejeter les traditions primitives, s'en dégage et entreprend une œuvre de rationalisation. S'il reprend « le schème de la cosmogonie déjà utilisé par Hésiode et les autres cosmogonies poétiques, ... il met le point final au processus de rationalisation, dépouillant le schème des dernières traces mystiques. Ce n'est pas pour rien que son livre est l'un des premiers à être écrit en prose, le langage le plus propre à exprimer des faits » [61]. C'est ainsi que l'apeiron d'Anaximandre est déjà le fruit d'une conception nettement préscientifique. Il n'est plus d'essence divine, même s'il en garde encore certains caractères.

Les mêmes remarques pourraient se faire au sujet d'Anaximène. De telle sorte que ces deux philosophes, quoique profondément imbus d'images mythiques [62], déchirent le voile

recherches des premiers philosophes en astronomie et en cosmologie, ont ainsi pu transposer en la divulguant dans la cité, une ancienne tradition sacrée d'origine orientale » (cité par J.P. VERNANT, *Du mythe à la raison*, p. 197).

[60] A. REY, *op. cit.*, p. 63.

[61] CORNFORD, *Principium sapientiae, The Origins of Greek philosophical Thought*, Cambridge, 1952, p. 200.

[62] A. REY, *op. cit.*, p. 90.

Anaximène, plus encore que Thalès et Anaximandre, trahit une influence mystique. Peut-être faut-il en chercher la raison dans le fait qu'il vécut à une époque où les courants religieux connaissaient une soudaine reflorescence. Sans doute est-ce pour ce motif qu'il tend moins à conceptualiser, à rationaliser. Les traditions antérieures, dont l'influence s'était affaiblie, du moins pour les « esprits éclairés », du temps de Thalès, surnagent et reprennent vie. Le sixième siècle voit un regain dont les devins entouraient leurs discours. Ils donnent de nouvelles significations au vocabulaire traditionnel et n'entendent plus se laisser subjuguer par l'aura magique des phénomènes naturels; « le philosophe prend ainsi la relève du vieux roi-magicien, maître du temps; il fait la théorie de ce que le roi, autrefois, effectuait... [63] ».

La naissance de la raison apparaît donc solidaire de deux grandes transformations mentales : une pensée positive, excluant toute relation entre un agent divin et un phénomène naturel, une pensée abstraite se substituant aux cosmogonies et aux mythes ancestraux et récusant l'antique image de l'union des opposés au profit d'une formulation catégorique du principe d'identité, ces deux types de pensée font leur apparition, une apparition timide encore quoique promise au plus bel avenir [64]. « Conçu comme un mécanisme, le monde se vide peu à peu du divin qui l'animait chez les premiers physiciens. Du même coup, se pose le problème de l'origine du mouvement : le divin se concentre comme le Nous d'Anaxagore [65]. » Alors qu'auparavant, le devin apparaissait comme un homme privilégié, alors qu'il s'entourait d'un halo

de mysticisme. De nombreuses sectes se forment, de nouveaux « hiéroi logoi » s'élaborent, poèmes sacrés dont les auteurs se placent sous l'égide d'Orphée. Cette reviviscence que nous ne pouvons que signaler sans pouvoir l'étudier plus à loisir, tend à prouver, ainsi que nous l'affirmons plus haut, que la Grèce n'a point connu une évolution spirituelle progressive, qu'elle ne s'est point régulièrement acheminée vers une rationalisation toujours plus poussée de ses cosmogonies et et de ses légendes. Cette émancipation de l'esprit a connu au contraire de multiples vicissitudes : impasses, erreurs, retours en arrière caractérisent cette conquête difficile. Il ne faut point oublier qu'un fort courant mystique a sans cesse existé en Grèce, même à l'époque du « miracle grec », au moment où l'effort de rationalisation arrivait à son terme. Apollon est un dieu hellène mais Dionysos aussi, quoique tous deux aient une origine étrangère.

[63] J.P. VERNANT, *Du mythe à la raison*, p. 188.
[64] J.P. VERNANT, *op. cit.*, p. 191.
[65] J.P. VERNANT, *op. cit.*, p. 190.

mystérieux, s'exprimant en un langage volontiers sibyllin, alors qu'il pratiquait un ascèse très apparente, le philosophe tend à éclaircir le sens des formules secrètes [66], il révèle ce que l'on ne faisait naguère qu'entrevoir ou deviner. Il juge mais ne vaticine plus. Son intention est de comprendre et d'expliquer, non de participer à la vie profonde de l'univers.

« Son rôle est d'enseigner, de faire éclore. Le secret du shamane, le philosophe se propose de le divulguer à un corps de disciples; ce qui était le privilège d'une personnalité exceptionnelle, il l'étend à tous ceux qui demandent à entrer dans sa confrérie. Divulguée, élargie, la pratique secrète devient objet d'enseignement et de discussion. Elle s'organise en doctrine [67]. »

Cependant, cet élargissement du nombre de ceux qui connaissent « les secrets du monde », ce passage de la révélation divine au système philosophique ne s'effectuent point d'une manière régulière. Comme nous l'avons déjà observé, certaines étapes de l'évolution semblent plutôt constituer un retour en arrière : le mysticisme refleurit comme en ses plus beaux jours. Même alors, néanmoins, l'on remarque un élargissement, une transformation de la révélation divine :

« La création d'une secte religieuse comme celle appelée orphique, la formation d'un mystère et l'institution d'une confrérie de "sages" comme celle de Pythagore, manifestent dans des conditions et des lieux différents le même grand mouvement social d'élargissement et de divulgation d'une tradition sacrée aristocratique... La philosophie se constitue dans ce mouvement, au terme de ce mouvement que seule, elle pousse jusqu'au bout. La philosophie, dans son progrès, brise

---

[66] J.P. VERNANT (op. cit., p. 195) met l'accent sur le rôle de l'ascèse dans la vie du shamane : « ... il sait, grâce à une discipline de tension et de concentration spirituelle dont M. Gernet a marqué le lien avec une technique de contrôle du souffle respiratoire, ramasser sur elle-même l'âme ordinairement dispersée en tous petits points du corps. Ainsi ramassée, l'âme peut se détacher du corps, s'évader des limites d'une vie où elle est momentanément enclose et retrouver le souvenir de tout le cycle de ses incarnations passées. »

[67] J.P. VERNANT, op. cit., p. 196.

le cadre de la confrérie dans lequel elle a pris naissance. Son message ne se limite plus à un groupe, à une secte [68]. »

Etudions Héraclite et nous aurons une illustration de tout ce que nous venons de dire [69]. La tradition veut que ce philosophe appartienne, tout comme Thalès et Anaximandre, à une famille de prêtres-rois. Dégoûté de la vie dissolue de ses concitoyens, et désireux de se consacrer à la méditation, il aurait renoncé au trône en faveur de son frère. Certes, rien ne nous prouve que cette tradition soit exacte. Mais cela n'a pas tellement d'importance si les textes héraclitéens témoignent en faveur d'une influence des cosmogonies antiques. Or il semble qu'incontestablement, ces fragments trahissent semblable influence et en soient même profondément marqués [70].

Héraclite ignore tout de la méthode expérimentale. Quand il parle du feu, de l'eau, de l'air ou de la terre, il ne le fait pas en s'appuyant sur l'observation consciencieuse des phénomènes mais il suit une méthode où l'a-priori est roi. Le

[68] *Ibid.*

[69] Il n'est pas dans notre propos d'étudier longuement la philosophie d'Héraclite. Nous nous limiterons à quelques brèves remarques qui tenteront de mettre en relief le caractère à la fois novateur et traditionnel du penseur d'Ephèse. Nous sommes persuadé en effet que l'éclosion de l'esprit philosophique trouve son origine dans une métamorphose du langage, dans l'apparition de nouvelles valeurs données aux mots, dans une nouvelle manière de les disposer. Nommer une chose, c'est la connaître. Cet aphorisme, qui exprime une tendance fondamentale de la pensée primitive, reste vrai à l'époque que nous envisageons ici.

[70] C. RAMNOUX écrit fort judicieusement : « Ce qui importe, ce n'est pas qu'il (Héraclite) se soit démis de ses fonctions (sacerdotales) pour une raison ou pour une autre, c'est qu'il ait gardé en mémoire les images des cultes et appris à manier leur langue. Quand bien même la tradition serait controuvée et sans rien conjecturer de l'enfance du sage, les textes témoigneraient encore pour des réminiscences de la vie des cultes » (*op. cit.*, p. 63).

feu, l'eau, l'air et la terre ne sont plus assurément des entités divines, mais ces éléments ne sont pas encore complètement laïcisés. Ils possèdent toujours une aura sacrée. Certes, « le vocabulaire héraclitéen n'est plus le vocabulaire des cosmogonies, mais il n'est pas encore un vocabulaire de science physique. Il ne nomme pas les ingrédients matériels (sic) » [71]. Le feu, dans l'esprit d'Héraclite, n'est point une substance concrète, c'est-à-dire physiquement perceptible, il n'est point non plus envisagé comme une réaction chimique, il est un mot qui évoque un principe déterminé et qui l'évoque d'ailleurs d'une manière relativement inadéquate. Selon l'expression de C. Ramnoux, Héraclite se tient entre les objets et les mots : il va des uns aux autres, les confronte, les soupèse, jongle avec eux, superpose enfin la trame du discours et le texte du monde [72]. Ce dernier est un livre dont il faut comprendre la signification. Notre philosophe vit donc entre « un phénomène à lire comme un texte cryptique, et des formules ou des poèmes à composer comme autant de petits cosmos » [73]. Pour lui, « tout le contenu de l'expérience phénoménale oscille d'un sens à l'autre. Il oscille du sens au non-sens », et vice versa [74]. Le monde ressemble à une partie d'échecs. Celle-ci paraît mystérieuse à celui qui en ignore les règles mais elle acquiert une signification aux yeux des

---

[71] « Héraclite n'a pas écrit : "l'âme, c'est du feu" ni même l'âme est une vapeur sèche, ni même l'âme est un feu doué de raison. Tout cela a été inventé après lui, peut-être d'après lui, et justement par des hommes qui, eux, savaient qu'ils avaient une âme. Lui, tout simplement, il a mis le mot psyché à la place du mot pyr dans une formule » (C. RAMNOU, *Héraclite ou l'homme entre les choses et les mots*, Paris, 1959, p. 93). Le même auteur précise : « Héraclite a travaillé avec les noms et les signes d'un vocabulaire sacré. Il ne les a pas rayés, il ne les a pas profanés. Il a opéré une mutation du sens en profondeur, tout en laissant subsister le sens simple de l'homme pieux et le sens simple du bon citoyen » (*op. cit.*, p. 64).

[72] C. RAMNOUX, *op. cit.*, p. 219.

[73] C. RAMNOUX, *op. cit.*, p. 225.

[74] C. RAMNOUX, *op. cit.*, p. 236.

joueurs. Ainsi l'homme qui comprend le sens des mots et décèle la signification des pions — c'est-à-dire des éléments de l'univers — pourra déchiffrer et interpréter correctement le monde extérieur. Par contre, celui qui ignore les secrets du langage et ne sait point jongler avec les mots, ne pourra découvrir l'unité profonde du cosmos. L'idée selon laquelle un homme préalablement initié au maniement des mots peut acquérir la science de l'univers, est ainsi réintroduite. Cette science ésotérique se transmet de maître à disciple; quand une telle relation existe, règne alors le logos divin [75]. Ceci ne peut nous étonner si nous nous souvenons que pour Héraclite, les mots ont une existence aussi concrète que celle des objets. Le philosophe éphésien confronte deux univers : celui des mots et celui des choses. Le monde sensible lui apparaît comme un langage qui demande à être lu et déchiffré tandis que celui des mots lui semble constituer une réalité au moins aussi positive que celle de l'univers matériel. En cela, il conserve les conceptions primitives, se comportant comme un philosophe inspiré, recherchant l'obscurité par son goût des énigmes et se complaisant dans les formules à double sens [76].

---

[75] Mutatis mutandis, nous assistons au phénomène analogue au moment où Jésus déclare dans le *Nouveau Testament* : « Lorsque deux de mes disciples se réunissent, je suis au milieu d'eux ».

[76] Le goût d'Héraclite pour l'obscurité ne fait aucun doute. Plusieurs épigrammes nous l'apprennent :
« Ne fais pas sauter à la hâte le sceau du volume d'Héraclite
Car difficilement tes pas graviront l'étroit sentier
Là où ne règnent que ténèbres et nuit insondable
Mais qu'un initié te guide et la splendeur y sera plus éclatante que celle du clair soleil. »
Une autre encore déclare :
« Héraclite, c'est moi. Pourquoi voulez-vous, ô barbares, me malmener ? Ma peine n'est pas à vous; elle appartient à ceux qui me comprennent. Un seul homme vaut plus pour moi que trente mille et la multitude infinie moins qu'un seul. »
(Cité par DIOGENE LAERCE, *Vies et doctrines des philosophes célèbres*, *IX*, 16, trad. BATTISTINI, *op. cit.*, pp. 50-51.)

Mais alors que le prophète des temps anciens composait des « ieroi logoi », c'est-à-dire une suite de poèmes sacrés, Héraclite singularise le pluriel et transforme « logoi » en « Logos », inventant une nouvelle signification du terme et opérant ainsi une importante mutation de vocabulaire. Le logos devient ce qui constitue le centre de l'univers et ce qui le guide. Il devient ce principe de sagesse qui n'est plus à proprement parler une personne divine mais en possède encore de nombreux caractères. L'initiation qui consistait jadis en l'accomplissement de rites et de formules ésotériques se transforme avec Héraclite en un enseignement; le Logos se manifeste alors et habite chacun des initiés.

L'étude de Parménide nous mènera aux mêmes conclusions. Ce penseur que l'on oppose traditionnellement à Héraclite, apparaît d'abord comme le modèle du parfait rationaliste. Fondateur de la métaphysique occidentale, il semble être le premier qui ait découvert les bases de l'ontologie classique, entre autres le caractère transcendental de l'idée de l'être.

Cette conception du rôle parménidien ne doit-elle pas cependant être nuancée ? Le maître d'Elée a-t-il vraiment jeté les bases de l'ontologie objective ? A-t-il réellement

Ces épigrammes sont significatives : elles présentent Héraclite comme un maître dont les discours ésotériques ne sont compréhensibles qu'aux initiés. Impénétrables aux profanes, les formules du philosophe d'Ephèse n'acquièrent une signification que dans la mesure où le disciple connaît le mot de passe, la clef qui lui clarifie ces aphorismes à double sens. Ceux-ci ne retiendront l'attention que de ceux « qui demeurent éveillés », que de ceux qui font partie du « petit troupeau » où se groupent les disciples choisis, plus chers au cœur du maître que trente mile profanes, trente mille « endormis ».

Par là, Héraclite s'identifie au devin dont les révélations, avons-nous vu, s'entouraient de mystère et ne s'adressaient qu'à un petit cénacle, soigneusement trié sur le volet.

repoussé toute la tradition primitive ? N'a-t-il point subi, si peu que ce soit, l'influence de la pensée archaïque [77].

Une tradition nous apprend que Parménide fut un législateur de sa ville natale. Cette tradition est douteuse, mais nous pouvons cependant croire que ce n'est point sans raison qu'on l'a inventée. Parménide, par son origine ou son action, a dû contribuer à la naissance d'une telle tradition. On peut supposer qu'il n'ignorait rien des cosmogonies primitives et qu'il appartenait ainsi au petit nombre des initiés. L'étude de son œuvre confirmera notre hypothèse.

Dans le Poème introduisant son ouvrage [78], Parménide déclare :

« Les cavales qui m'emportent m'ont mené aussi loin que m'entraînaît mon désir; et leur galop m'a conduit sur le chemin illustre de la déesse qui partout guide le sage... La déesse m'accueillit, bienveillante, et me prit la main droite. Elle dit alors en s'adressant à moi : Adolescent, ô toi qu'accompagnent les auriges immortels, toi qui d'un bond de tes cavales atteins notre séjour céleste, je te salue car ce n'est pas

[77] Tout comme pour Héraclite, il n'entre pas dans nos intentions d'entreprendre une étude approfondie du philosophe d'Elée. Nous nous bornerons à souligner certains aspects du parménidisme qui révèlent l'influence d'antiques traditions. Cela nous donnera l'occasion de mettre en relief la continuité de la pensée hellénique depuis ses origines jusqu'au disciple de Socrate. S'il est un philosophe audacieux, qui achève, grâce à la dialectique, l'émancipation de l'esprit, Platon prend garde en effet de ne pas négliger l'apport des traditions et des pensées antérieures. Il s'en inspire souvent et n'hésite pas à le reconnaître. Si nous voulons donc éclaircir quelque peu le problème qui nous occupe, celui du thème de la réminiscence, il nous faut, croyons-nous, esquisser, si brièvement que ce soit, un tableau de la philosophie présocratique. Ce faisant, nous tenterons d'isoler les aspects qui nous apparaîtront les plus significatifs, ceux qui pourront nous éclairer dans notre recherche, ceux que nous retrouverons au cœur même du thème de l'anamnèse.

[78] CORNFORD (op. cit., p. 120) remarque que Parménide écrit en vers : « Il suit ainsi la tradition selon laquelle la poésie est le langage de la révélation ». Ceci est un indice parmi beaucoup d'autres, qui nous fait penser que Parménide se considérait encore, non point sans doute comme un devin de stricte observance, mais comme un maître ayant un message, une révélation à transmettre.

un destin pervers qui t'a fait cheminer sur cette route, si loin court-elle des sentiers familiers aux mortels. Si tu es venu, ce fut poussé par le destin, il faut donc que tu connaisses toutes choses, le cœur sincère de la Vérité qui persuade... [79]. »

Et la déesse ajoute aussitôt : « Allons, je vais te parler, et toi, recueille mes paroles... ».

Le sens de ce prologue est évident. Parménide nous raconte un voyage au céleste séjour; il y rencontre Dikè et recueille sur son ordre ce qu'elle lui révèle de la nature du monde. Le prophète, en des temps plus anciens, ne procédait pas autrement : lui aussi jouissait de l'inspiration divine, lui aussi rédigeait un discours sur la nature de l'univers, discours qu'aucun profane ne pouvait comprendre; Parménide reprend donc la méthode primitive et se présente comme un esprit favorisé des dieux. Au début d'une œuvre — un poème... — où il jette les bases de la métaphysique occidentale, nous le surprenons invoquant une déesse et se mettant en toute humilité à son école, attitude pour le moins étrange si nous nous souvenons que ce poème constitue le premier traité d'ontologie...

Mais ce n'est point tout : un peu plus loin, Parménide oppose ceux (mortels et ignorants) qui errent sur le chemin de l'opinion incertaine [80] au petit nombre de ceux qui ont découvert la Vérité et qui forment le troupeau des « élus ». Ce trait, emprunté à la mentalité du prophète, montre que le métaphysicien d'Elée ne rejette point tout à fait les traditions ancestrales.

Au début de son œuvre, Parménide unit l'être et l'activité rationnelle : « Ce qui se donne à dire et à penser existe nécessairement », déclare-t-il [81]. Il établit de cette manière une

[79] Traduct. BATTISTINI, *op. cit.*, p. 90, fragm. 1/2 DIELS-KRANZ.

[80] Traduct. BATTISTINI, *op. cit.*, p. 91, fragm. 6, DIELS-KRANZ.

[81] Traduct. BATTISTINI, *op. cit.*, p. 91, fragm. 3/6, DIELS-KRANZ.

identité, une réciprocité entre l'être et le discours scientifique : ce que nous pensons, ce que nous proférons existe nécessairement et l'être est susceptible d'être dit ou pensé. Il laisse entendre, selon l'excellente expression de Leroy, qu'un « au-delà de la pensée est impensable », c'est-à-dire qu'un au-delà de la pensée n'existe point vraiment : en d'autres termes, ce que nous ne pensons pas, ce que nous ne pouvons penser, ne peut exister d'aucune manière. Les limites de notre pensée constituent les limites de l'être. Ainsi que l'écrit très judicieusement J. Chevalier [82], « les conditions de l'intelligibilité définissent les conditions de la réalité; les choses sont et sont nécessairement ce que nous les concevons. C'est parce que l'unité et l'immobilité absolues sont seules intelligibles qu'elles sont seules réelles ».

L'être se réduit donc pour Parménide à ce que nous en disons ou pouvons en dire. La pensée, à ses yeux, ne découvre point l'être, mais elle le crée en quelque sorte dans la mesure où elle lui reconnaît une qualité d'existence, dans la mesure où elle le range au sein de la catégorie ontologique, la dite catégorie constituant le pôle symétrique de celle du néant.

Parménide identifie encore les catégories de l'être et du non-être à celles de la présence et de l'absence. L'être est une présence, le non-être, une absence. Mais de telles catégories intéressent aussi l'être seul : il s'agit alors de l'être présent et de l'être absent. Cela ne veut nullement dire que l'être puisse à la fois ou successivement exister et ne pas exister, être connu et inconnu; cela signifie que l'être devient présent dès qu'il est l'objet d'une perception intellectuelle et absent dans le cas opposé. Nous avons vu en effet qu'être, apercevoir l'être et le dire, c'est tout un. « L'être... est un savoir ou il n'est rien [83]. » Il dépend de l'homme autant que

[82] J. CHEVALIER, *La Pensée antique*, p. 99.
[83] C. RAMNOUX, *op. cit.*, p. 264.

l'homme dépend de lui : cet homme exprime l'être, l'être lui donne sa raison d'exister. L'être humain vit, en un mot, « dans le combat de la chose et du langage » [84].

Lorsqu'il défend une telle conception, le sage d'Elée utilise encore un vocabulaire archaïque; il croit toujours que nommer la chose, c'est lui donner l'être; il se rattache ainsi aux anciennes traditions et se reconnaît, en ce domaine du moins, le successeur des devins.

Mais cela n'empêche pas qu'il soit un profond réformateur; il l'est dans la mesure où il entreprend une rationalisation de l'univers, dans la mesure où il découvre la puissance de l'esprit qui détermine les conditions d'existence et les limites de la réalité [85].

Si nous abordons le troisième des grands philosophes présocratiques, Empédocle d'Agrigente, nous aboutirons à des conclusions analogues, quoiqu'un peu différentes.

Tandis qu'Héraclite et Parménide, chacun à sa manière, tentent de démystifier et de rationaliser un vocabulaire de tradition religieuse, tandis qu'ils essaient d'en créer un plus précis et plus objectif, Empédocle vivant en un siècle où un tel vocabulaire, déjà très abstrait, vient de se constituer, loin de le parachever et d'atteindre un degré plus considérable encore de rationalisation, illustre un retour à la tradition et à la manière antique de révéler la Sagesse. Il ressuscite un ensemble de divinités et les substitue aux mots abstraits du

---

[84] C. RAMNOUX, *op. cit.*, p. 255.

[85] C. RAMNOUX (*op. cit.*, p. 282) montre que la dépendance de la pensée vis-à-vis du langage n'avait pas échappé aux penseurs grecs.

Qu'on nous comprenne bien. Nous ne voulons point faire de Parménide un idéaliste avant la lettre. Nous approuvons J. WAHL lorsqu'il écrit que « Parménide nous dit bien que voir et être vu s'appartiennent l'un à l'autre. Mais il ne formule nullement l'idée idéaliste que le voir détermine le vu » (*op. cit.*, p. 217). Nous désirons seulement souligner le rôle du langage dans la philosophie parménidienne.

vocabulaire philosophique. Au contraire d'Héraclite et de Parménide qui demeurent archaïques presque malgré eux, Empédocle manifeste une volonté délibérée de retrouver l'antique mouvement prophétique. Il montre ainsi que la Grèce n'a pas cessé d'osciller entre Apollon et Dionysos, entre le rationnel et le mysticisme, oscillation dont le disciple de Socrate constituera plus tard un exemple fameux [86].

Divers traits de la mentalité archaïque se découvrent en l'œuvre d'Epédocle : au début de son poème qui traite « de la Nature », le philosophe invoque les dieux après avoir déclaré « qu'étroites sont les voies par lesquelles dans les membres des hommes peut cheminer l'entendement » [87]. Tout en n'exigeant point le dévoilement de secrets défendus aux créatures mortelles [88], il implore la déesse afin qu'elle le favorise de ses révélations et se présente comme un surhomme, comme l'égal des dieux :

---

[86] P.M. SCHUHL (*Essai sur la formation de la pensée grecque*, p. 305) écrit — très judicieusement, nous semble-t-il — : « Il (Empédocle) nous offre au moins deux synthèses partielles : d'une part, celle de la pensée populaire et des formes plus récentes du mysticisme, d'autre part celle du mysticisme et des tendances positives scientifiques... Esprit novateur en même temps qu'archaïsant, ... sorte de Janus bifrons, ... il ne parvient pas à distinguer des miracles de la magie les possibilités qui s'ouvrent à la science », et BATTISTINI affirme de son côté : « En vrai poète, Empédocle restaure le mythe, le symbole dans une explication scientifique du monde, il est "homérique au plus haut point " (Aristote); ses vers, soutenus et lancés par de puissantes forces imaginatives, ouvrent dans cette philosophie enracinée, selon le mot de Bachelard, en une constance substantielle (air, feu, terre ou eau) des avenues de rêve » (*op. cit.*, p. 121). Et le même auteur ajoute : « A côté du dialecticien, il y a ... chez Empédocle, un *voyant* qui, par-delà Parménide et Héraclite, reprend le *mot de passe* pour le porter plus loin. C'est que la part accordée à l'imagination, au transcendant, dans cette œuvre, est manifeste et lui donne son pouvoir propre de véhémente conviction » (p. 124).

[87] Traduct. BATTISTINI, fragm. 2, DIELS-KRANZ.

[88] Empédocle n'exige point de la Déesse qu'elle lui révèle certaines choses que les mortels ne peuvent connaître non parce qu'il serait lui-même une créature vouée à la mort mais parce que ses auditeurs le sont.

« Je viens, dit-il, délivré à jamais de la mort, dieu immortel que tous vénèrent comme il sied. Aussitôt qu'avec mes adorateurs, j'ai pénétré dans les cités florissantes, hommes et femmes me comblent d'honneurs et marchent à ma suite, m'interrogeant sur le sentier qui mène au gain ou bien désirant des oracles [89]. »

Empédocle exprime ainsi sa conviction d'être un inspiré, un prophète, une créature surhumaine et divinisée. Il entend se rattacher aux traditions primitives et en prolonger les rites, mais il ne peut mettre totalement entre parenthèses l'effort d'émancipation de la philosophie grecque. Il utilise un vocabulaire déjà rationalisé et opère un retour aux sources à partir d'éléments qui constituent la matière même de la nouvelle méthode de réflexion [90]. Ainsi que l'écrit C. Ramnoux, « le lecteur moderne a donc bien tort de lire (ces textes d'Empédocle) comme de la physique périmée... Il (le philosophe d'Agrigente) fait fonction de chresmologue ou de thaumaturge dans une société qui secrète des professeurs et des savants ... Lui-même s'exprime dans plusieurs registres et joue sur plusieurs tableaux » [91]. Archaïsant, il ne rejette pas tout à fait la voie novatrice mais il opère un savant dosage : tradition et rationalité s'y retrouvent en une proportion d'ailleurs inégale.

L'on pourrait certes nous demander pourquoi nous avons consacré tant de pages à l'étude — beaucoup trop rapide cependant — de pensées philosophiques qui ne paraissent avoir que de lointains rapports avec le sujet qui nous préoccupe. Une telle objection ne manquerait pas de pertinence

---

[89] Traduct. BATTISTINI, fragm. 112, DIELS-KRANZ.

[90] Un exemple de langage d'inspiration parménidienne pourrait être signalé dans le fragment suivant : « Car du néant ne peut absolument venir à l'existence et l'étant ne peut périr. Jamais ce ne fut vu ni entendu. Mais il sera partout où on le situera » (traduct. BATTISTINI, fragm. 12, DIELS-KRANZ).

[91] C. RAMNOUX, op. cit., p. 160.

si le but que nous nous sommes assigné au commencement de cette esquisse historique n'était pas de souligner autant que faire se peut le paradoxe des philosophies présocratiques qui apparaissent tout à la fois comme profondément traditionnelles et novatrices, attachées sans qu'elles s'en aperçoivent toujours, aux cosmogonies primitives et à leur mysticisme, mais désireuses de s'en libérer en opérant une rationalisation des cadres de la pensée.

Ce paradoxe, nous prétendons le retrouver dans l'œuvre de Platon. Celle-ci, beaucoup plus qu'il n'y paraît, porte les marques des divers courants philosophiques des VIᵉ et Vᵉ siècles. Le disciple de Socrate n'a rien renié du passé de la Grèce; il s'est mis à l'école d'Héraclite, de Parménide et de Pythagore : il ne les a point toujours approuvés, mais il a engagé avec eux un dialogue fécond; tout en innovant avec beaucoup d'audace, tout en parachevant l'émancipation de l'esprit, il n'a jamais oublié la tradition dont il se reconnaît l'héritier. Il prolonge ainsi Thalès, Héraclite et leurs contemporains, il utilise l'œuvre de ses prédécesseurs mais il transforme et métamorphose radicalement ce qu'il en retire, il l'éclaire d'un jour nouveau, le purifie et le décante, le marquant, en un mot, de sa griffe personnelle.

Si nous insistons sur cet aspect apparemment paradoxal de la philosophie platonicienne, sur cette alliance de la tradition et de l'élément novateur, c'est parce qu'il nous semble que le thème de l'anamnèse nous en fournit un lumineux exemple; il nous suffira, croyons-nous, pour le montrer, d'en scruter les sources. Nous verrons ainsi comment Platon s'efforce de rationaliser et d'expliciter ce qui n'était jadis que mythes et récits légendaires.

Les sources de l'anamnèse platonicienne se situent en un lointain passé. Se souvenir est le propre du devin, du prophète. Une déesse, Mnémosune, les inspire. Sœur de Kronos

et d'Okéanos, la Mémoire [92], Mère des Muses, « enthousiasme » au sens étymologique) les poètes et les prêtres.
Comme l'écrit J.P. Vernant,

> « Entre la divination et la poésie orale telle qu'elle s'exerce à l'âge
> archaïque, il y a des affinités et même des interférences... Adès et
> devins ont en commun un même don de "voyance"... Le dieu qui
> les inspire leur découvre dans une sorte de révélation, les réalités qui
> échappent au regard humain. Le savoir ou la sagesse, la sophia que
> Mnémosume dispense à ses élus, est une "omniscience" de type
> divinatoire... Se souvenir, savoir, voir, autant de termes qui s'équi-
> valent [93]. »

Grâce aux révélations de la Mère des Muses, le poète revit
le passé, il assiste aux événements qu'il décrit. Il en est un
témoin fidèle. Il s'en faut de beaucoup cependant qu'il veuille
élaborer un récit objectif. Il ne désire pas rétablir les faits
dans leur enchaînement logique et temporel. Les événements
qu'il rappelle n'acquièrent à ses yeux une signification que
dans la mesure où ils deviennent les signes, les symboles et
la marque d'autre chose, beaucoup plus essentielle.

> En ressuscitant le passé, « en faisant tomber la barrière qui sépare
> le présent du passé, (Mnémosume) jette un pont entre le monde des
> vivants et cet au-delà auquel retourne tout ce qui a quitté la lumière
> du soleil... Le privilège que Mnémosume confère à l'aède est celui
> d'un contact avec l'autre monde, la possibilité d'y entrer et d'en revenir
> librement. Le passé apparaît comme une dimension de l'au-delà...
> Nous sortons de notre univers humain pour découvrir derrière lui
> d'autres régions de l'être, d'autres niveaux cosmiques normalement
> inaccessibles, au-dessous le monde infernal et tout ce qui le peuple,
> au-dessus le monde des dieux olympiques. Le "passé" est partie inté-

---

[92] Il n'est pas nécessaire, pensons-nous, d'épiloguer longuement sur
la divinisation d'une fonction psychologique. L'être humain, au début
de son évolution mentale, sacralise volontiers certains phénomènes
essentiels. La mémoire, de toute évidence, en est un.

[93] J.P. VERNANT, *Aspects mythiques de la mémoire en Grèce*,
in « Journal de psychologie normale et pathologique », I, janvier-mars
1959, tiré à part, p. 3.

grante du cosmos; l'explorer, c'est découvrir ce qui se dissimule dans les profondeurs de l'être. L'histoire que chante Mnémosume est un déchiffrement de l'invisible, une géographie du surnaturel [94]. »

Le passé ne se réduit donc pas aux faits historiques. Il apparaît avant tout comme une ouverture sur certains mondes dissimulés. Il constitue un pont entre le visible et l'invisible, entre la terre et les puissances de l'au-delà, entre l'humain et le divin. Les poèmes que Mnémosume inspire opèrent une plongée dans l'univers des dieux et des ancêtres; ils constituent un point d'effleurement du monde invisible, — le seul réel — celui où se situent les sources profondes des phénomènes sensibles, où se déroulent les événements essentiels, ceux qui donnent une signification aux péripéties de l'existence concrète. L'être n'est pas seulement ce que nous voyons, ce que nous percevons, nos yeux de chair ne nous révèlent que son apparence extérieure. Celle-ci se néantise dès que nous la coupons de ses sources, dès que nous élevons une barrière entre l'univers sensible et celui des profondeurs.

Mais si Mnémosume révèle au poète inspiré les secrets de l'invisible, si elle lui dévoile la signification première du monde matériel, il n'est pas étonnant qu'elle ait, aux yeux des anciens Grecs, un rôle à jouer dans la destinée de chaque homme. Puisqu'elle détient les secrets de l'au-delà, c'est-à-dire les mobiles réels de toute action, de tout événement du monde sensible, elle connaît la science du bien et du mal et se révèle toute puissante au moment où l'être humain meurt, « elle n'est plus (alors) celle qui chante le passé primordial et la genèse du cosmos. Puissance dont dépend la destinée des âmes après la mort, elle est liée désormais à l'histoire mythique des individus, aux avatars de leurs incarnations successives. Du même coup, ce n'est plus le secret des origines qu'elle apporte aux créatures mortelles mais le moyen d'at-

---

[94] J.P. VERNANT, *op. cit.*, p. 8.

teindre la fin du temps, de mettre un terme au cycle des générations. (Cette conception nouvelle) répond à une recherche du salut qui va de pair avec une réflexion... sur les problèmes du temps et de l'Ame [95]. »

Mnémosume, ouvrant l'au-delà à l'initié, lui permet d'y pénétrer s'il se purifie, par l'ascèse, des fautes qu'elle lui a révélées. Elle tend ainsi à le libérer du cercle infernal des réincarnations : « alors que l'anamnèse apparaît " dans une poésie d'inspiration morale et religieuse " (celle d'Hésiode) ... comme une sorte d'initiation » [96], l'effort de mémoire, méthodiquement poursuivi, engendre une connaissance de tous les avatars de l'âme humaine. La purification qu'opère Mnémosune constitue, selon l'expression du sage d'Agrigente « une tension de toutes les forces de l'esprit » [97] qui se concentre sur lui-même et se recueille, évitant avec soin tout contact charnel qui obscurcit ses facultés et brouille sa mémoire. Retenons ici ce que déclare Platon :

« Et sans doute (l'âme) raisonne-t-elle au mieux précisément quand aucun trouble ne lui survient de nulle part, ni de l'ouïe, ni de la vue, ni d'une peine, ni non plus d'un plaisir, mais qu'au contraire, elle s'est le plus possible isolée en elle-même, envoyant promener le corps et quand, brisant autant qu'elle peut, tout commerce, tout contact avec lui, elle aspire au réel » (*Phédon*, 65 C). « Une purification, n'est-ce pas en fait justement ce que dit l'antique tradition : mettre l'âme le plus possible à part du corps, à vivre autant qu'elle peut, dans les circonstances actuelles aussi bien que dans celles qui suivront, entièrement détachée du corps comme si elle l'était de ses liens ? — Absolument vrai... » (*Phédon*, 67 C).

Platon se reconnaît donc l'héritier d'une antique tradition lorsqu'il déclare que l'âme ne peut se purifier qu'en se recueillant, qu'en s'isolant en elle-même dans le but de mieux raisonner et d'atteindre ainsi le paradis perdu, c'est-à-dire le

[95] J.P. VERNANT, *op. cit.*, p. 11.
[96] J.P. VERNANT, *op. cit.*, p. 9.
[97] EMPEDOCLE, *Purifications*, fragm. 129, trad. J.P. VERNANT.

monde idéal. Le premier souci de cette âme est de se libérer du corps, un obstacle difficilement surmontable. Mais nous devons remarquer que si Platon « prolonge une même et très ancienne tradition de Mages » [98], il le fait d'une manière originale et sous un angle proprement philosophique. J.P. Vernant a raison d'écrire que « la pensée d'Empédocle et celle de Platon ne se situent pas " sur le même plan " » [99]. Là où le penseur d'Agrigente insiste sur le côté religieux, rituel et mystique du phénomène de réminiscence, le disciple de Socrate entreprend de nous le présenter dans une perspective beaucoup plus rationnelle et l'inclut en son épistémologie. S'il souligne la nécessité d'une purification, c'est-à-dire d'une séparation de l'âme et du corps, c'est pour accroître la puissance et la lucidité du raisonnement, c'est pour éveiller et encourager le désir de la connaissance philosophique, c'est pour élaborer une sagesse plus féconde. Tandis que chez Empédocle, l'effort de remémoration s'opère dans le cadre d'une pensée religieuse archaïsante et se situe dans un contexte qui n'est pas dépourvu de résonance magique, chez Platon, au contraire, si la pensée religieuse est présente, elle se trouve purifiée de toute superstition et débarrassée de tout rituel. La katharsis, nécessairement antérieure au phénomène de réminiscence, acquiert une nouvelle signification, due à l'aspect rationnel de l'anamnèse cognitive telle que Platon nous la présente. Nous voyons ainsi qu'en un domaine important de sa pensée, le disciple de Socrate transpose au niveau de la philosophie ce qui n'était, selon l'expression de J.P. Vernant, « qu'une très ancienne tradition de Mages » [100]. Il lui attribue une nouvelle signification et crée ainsi une conception originale, sans renier aussi radicalement que le croient certains, les philosophies antérieures.

[98] J.P. VERNANT, *op. cit.*, p. 17.
[99] J.P. VERNANT, *op. cit.*, p. 16.
[100] J.P. VERNANT, *op. cit.*, p. 17.

Mnémosune libère donc l'homme de ses contraintes et de ses avatars temporels. Ressuscitant le passé primordial, dévoilant les secrets du Cosmos, recréant en quelque sorte l'âge d'or primitif, elle engendre l'oubli du temps terrestre, de ses misères et de ses limites. Ce temps tel qu'il se déroule apparaît comme un mal dont l'homme doit s'affranchir dans le but de ressusciter le passé essentiel :

« Là où la mémoire est objet de vénération, on exalte en elle soit la source de savoir en général, de l'omniscience, soit l'instrument d'une libération à l'égard du temps ... Mémoire tout impersonnelle, la Mnémosune qui préside à l'inspiration poétique ne concerne pas le passé de l'individu; quant à celle qui, dans les milieux de sectes, répond au besoin nouveau d'un salut individuel, elle n'est pas non plus orientée vers la connaissance de soi au sens où nous l'entendons mais vers une ascèse purificatrice qui transfigure l'individu et l'élève au rang des dieux [101]. »

Mais si Mnémosune implique l'oubli du monde terrestre, il n'est pas étonnant qu'une autre divinité surgisse et forme avec elle un couple très uni : Oubli, associée à Mnémosune, assiste celle-ci en effaçant tout souvenir de la vie temporelle. Quiconque consultait l'oracle de Lébadée devait, avant de descendre aux Enfers, s'abreuver au Léthé, source d'oubli et à Mnémosune, source de mémoire.

« Buvant à la première, il oubliait tout de sa vie humaine et, semblable à un mort, entrait dans le domaine de la Nuit. Par l'eau de la seconde, il devait garder la mémoire de tout ce qu'il avait vu et entendu dans l'autre monde ... Oubli est donc une eau de mort, Mémoire apparaît en contraste comme une fontaine d'immortalité [102]. »

Comment ne pas établir un rapport entre ceci et le mythe où Platon évoque l'Amélès, ce fleuve qui dispense l'oubli ? Et le Pamphylien ne déclare-t-il pas au dixième livre de la *République* :

[101] J.P. VERNANT, *op. cit.*, p. 24.
[102] J.P. VERNANT, *op. cit.*, p. 9.

« Quand toutes les âmes eurent choisi leur nouvelle forme d'incarnation, le soir venu, elles campèrent au bord du fleuve Amélès dont aucun vase ne peut garder l'eau. Chaque âme est obligée de boire de cette eau une certaine quantité; celles qui ne sont pas retenues par la prudence en boivent outre-mesure. Dès qu'on en a bu, on oublie tout » (621 B).

L'analogie saute aux yeux : d'une part, l'être humain, avant de se réincarner, s'abreuve aux sources de l'Amélès afin d'oublier ses vies antérieures, d'autre part, le consultant de l'oracle se désaltère dans le Léthé afin de perdre la mémoire de son existence terrestre et de se préparer par cette purification aux révélations de l'au-delà. Le but lointain n'est certes point identique puisque l'âme que Platon met en scène va bientôt rentrer au sein de l'univers sensible et en connaître tous les remous tandis que le consultant de l'oracle se dispose à pénétrer au cœur du monde invisible mais le but immédiat se révèle semblable : oublier le passé terrestre, oublier les événements de l'existence charnelle.

Le lien est donc profond qui unit le philosophe athénien aux anciennes traditions. Dans la mesure où il reprend et développe le thème de la réminiscence, Platon apparaît vraiment comme l'héritier de ces courants archaïques.

Remarquons encore que l'âme platonicienne, lorsqu'elle s'abreuve après sa descente aux Enfers, le fait non seulement pour oublier ses incarnations antérieures mais encore afin de perdre provisoirement le souvenir de ce qu'elle vient de contempler, le souvenir du monde idéal. Nous l'avons observé au début de cette étude : les âmes boivent une petite quantité d'eau, elles perdent la mémoire des Idées mais demeurent capables, dans la suite, d'en reconquérir le souvenir par le bon usage de la dialectique. Une petite phrase apporte une intéressante précision : « celles (des âmes) qui ne sont pas retenues par la prudence s'abreuvent outre-mesure ». La signification en est évidente : qui se désaltère inconsidérément ne pourra plus dans le futur acquérir la sagesse, ne pourra plus retrouver la patrie perdue, c'est-à-dire l'univers des Idées. Il devra donc s'abreuver avec modération [103].

Les rapports qui unissent Platon aux traditions antérieures ne sont donc point uniquement des rapports de similitude. Selon l'optique du philosophe athénien, l'Oubli et l'Anamnèse qui lui succèdent engendrent une connaissance proprement philosophique; au contraire, le consultant de l'orale bénéficie non d'une sagesse ou d'une morale mais d'une « révélation du passé et de l'avenir » [104]. Ce passé, cet avenir ne sont point vraiment historiques, ils relèvent d'une temporalité qui n'a que de lointains rapports avec celle de l'univers sensible, ils appartiennent au domaine de l'au-delà, au domaine de l'être profond. Dans cette perspective, la Mémoire et l'Oubli ne peuvent s'identifier aux phénomènes psychologiques du même nom et ne peuvent pas davantage s'intégrer en une épistémologie, quelle qu'elle soit.

---

[103] Dans son étude *Aspects mythiques de la mémoire en Grèce,* à laquelle ces pages doivent beaucoup, J.P. VERNANT écrit au sujet de ce mythe platonicien : « Les âmes assoiffées doivent éviter de boire dans le fleuve de la plaine du Léthé une eau qu'aucun récipient ne peut contenir et qui, leur apportant l'oubli, les renvoie à la génération. Chez Platon, cet oubli qui constitue pour l'âme la faute essentielle, sa maladie propre, n'est rien d'autre que l'ignorance. Dans les eaux du Léthé, les âmes perdent le souvenir des vérités éternelles qu'elles ont pu contempler avant de retomber sur terre » (p. 13).
Nous nous permettrons deux remarques.
Les âmes sont dans l'obligation de boire dans l'eau de l'Amélès (pasin anagkaion einai piein).
Elles ne peuvent s'en dispenser.
Mais elles ne doivent en prendre qu'une certaine quantité (metron men oun ti tou udatos ... piein). Lorsqu'elles se montrent trop goulues, elles oublient si radicalement ce qu'elles ont contemplé qu'aucune anamnèse n'est plus possible. Celles au contraire qui en boivent modérément ne subissent qu'un oubli provisoire, plus apparent que réel, échappant ainsi à l'ignorance foncière, qui « constitue pour l'âme la faute essentielle ».
[104] J.P. VERNANT, *op. cit.,* p. 9.

Mais tentons d'approfondir notre analyse. Nous pourrons ainsi préciser ce que nous venons de dire.

« Sortie du temps, union avec la divinité, ces deux traits de la mémoire mythique, nous les retrouvons dans la théorie platonicienne de l'anamnèse. Chez Platon, le ressouvenir ne porte plus sur le passé primordial ni sur les vies antérieures : il a pour objet les vérités dont l'ensemble constitue le réel. Mnémosune, puissance surnaturelle, s'est intériorisée pour devenir dans l'homme la faculté même de connaître. Autrefois instrument d'ascèse mystique, l'effort de remémoration vient maintenant se confondre avec la recherche du vrai... L'anamnèsis ne porte pas sur une chronologie d'événements, elle révèle l'être immuable et éternel [105]. »

Platon, héritier des traditions antiques, réalise une mutation profonde de Mnémosune. Celle-ci devient le moyen grâce auquel l'esprit découvre la Vérité, elle n'est plus cette déesse qui ouvrait au dévot les portes de l'au-delà. L'anamnèse, primitivement unie à la résurrection d'un passé cosmique ou des avatars de l'âme humaine, devient un élément essentiel de l'épistémologie platonicienne. Alors que naguère, elle révélait les secrets du monde invisible et permettait à l'homme d'entreprendre un voyage aux Enfers, elle le mène désormais aux Idées, réalités intelligibles. Alors que jadis, elle s'enveloppait d'un halo magique et apparaissait comme le fruit de rites aussi précis qu'incompréhensibles aux profanes, elle acquiert désormais, grâce à la dialectique, une nature profondément rationnelle et devient l'activité principale de l'esprit réfléchissant. Alors que naguère, elle était le privilège et l'apanage d'un petit nombre d'élus, particulièrement favorisés, elle appartient désormais sinon à tous les hommes, du moins à un certain nombre d'entre eux. Elle n'est plus un phénomène essentiellement religieux, même si elle en possède encore certains caractères. Les conditions éthiques, nécessaires à son éclosion, demeurent mais acquièrent une nouvelle signi-

---

[105] J.P. VERNANT, *op. cit.*, pp. 24-25.

fication. La responsabilité morale, affirmée tout au long des dialogues, n'est qu'à peine découverte au temps de l'antique Mnémosune. A cette époque archaïque, il faut être pur assurément mais d'une pureté rituelle et extérieure. La faute ou le péché se conçoivent en dehors de toute responsabilité personnelle. La pureté morale, fondée sur l'intentionalité subjective, est un élément que les traditions primitives ont méconnu.

Si l'on veut résumer ce que nous venons de dire, on ne peut mieux le faire qu'en écoutant une fois encore J.P. Vernant :

> « La mémoire platonicienne a perdu son aspect mythique... Mais elle conserve une fonction analogue à celle qui était exaltée dans le mythe ... Elle ne vise pas à organiser l'expérience temporelle, elle veut la dépasser. Elle se fait l'instrument d'une lutte contre le temps humain qui se découvre comme un pur flux, comme le domaine héraclitéen du "panta réeï". Elle lui oppose la conquête par l'Anamnèsis d'un savoir susceptible de transformer l'existence humaine en la rattachant à l'ordre cosmique et l'immutabilité divine [106]. »

La réminiscence platonicienne émancipe l'homme des lois du devenir et de la duplicité, elle l'affranchit de la corruption et de la mort, elle lui permet de connaître le divin et de rejoindre ainsi la patrie perdue. L'âme, « sœur de l'Idée », revient au bercail, son exil dans la prison du corps s'achève. Elle atteint à l'immuable et se divinise comme l'Idée qu'elle contemple.

Si nous voulons résumer tout ce que nous venons de découvrir en ces quelques pages d'exploration rapide, nous dirons ceci : l'anamnèse platonicienne, phénomène cognitif, possède de nombreuses analogies avec une tradition entourant une déesse archaïque, Mnémosune. Celle-ci libère l'homme du

---

[106] J.P. VERNANT, *op. cit.*, p. 27.

temps historique et lui révèle les secrets du Cosmos. Elle l'entraîne dans les profondeurs infernales et ressuscite l'âge d'or. Déesse toute-puissante, source d'immortalité, elle lui permet d'échapper au cercle infini de la métempsycose, le dote d'un statut privilégié et lui dévoile les mystères de l'au-delà; l'initié est un élu dont le sort ne peut être comparé à celui des autres créatures, les profanes, les « endormis », selon l'expression d'Héraclite.

Platon prolonge cette tradition primitive. Il souligne le rôle de l'anamnèse, source de purification et de croissance spirituelle; il souligne le caractère proprement régénérateur du phénomène de réminiscence. Mais il métamorphose cet héritage. L'anamnèse a pour objet non plus la révélation du passé originel, non plus les secrets de l'au-delà mais la Sagesse, fruit de la contemplation du monde idéal. Elle libère l'homme de l'univers sensible, source de souffrance et de mort, elle lui découvre les réalités intelligibles et devient l'élément essentiel d'une épistémologie rationnellement élaborée.

En un mot, Platon, tout comme ses prédécesseurs, est un traditionaliste réformateur. Il accepte l'héritage antique mais le transpose. Il démystifie les traditions et opère le passage de la Mnémosune, déesse archaïque, à l'anamnèse, thème philosophique.

REMINISCENCE ET DIALECTIQUE
PLATONICIENNES

C'est grâce à la dialectique, nous enseigne Platon, que l'esprit acquiert la sagesse. Après avoir passé en revue les diverses disciplines que l'apprenti-philosophe doit pratiquer en guise de préparation à la découverte des Idées, Socrate ne déclare-t-il pas dans la *République* :

> « La méthode dialectique est la seule qui, rejetant successivement les hypothèses, s'élève jusqu'au principe même pour assurer ses conclusions, la seule dont il est vrai de dire qu'elle tire peu à peu l'œil de l'âme du grossier bourbier où il est enfoui et l'élève en prenant à son service et utilisant pour cette conversion les arts que nous avons énumérés » (533 D).

Cette méthode, progressant d'hypothèse en hypothèse mais les rejetant « l'une après l'autre » parce qu'insuffisantes, remonte jusqu'au principe ultime, source rationnelle autant qu'ontologique de tout raisonnement. Elle seule permet l'élaboration d'une science authentique, elle seule en dégage et en respecte les critères, elle seule libère l'esprit de l'illusion sensible et lui rend sa pureté première.

Dans son ascension vers les réalités éternelles, la méthode dialectique s'appuie sur diverses sciences auxiliaires qui constituent la première étape de la démarche cognitive. Ces sciences, comme Socrate l'affirme dans la *République,* ne peuvent être celles « qui traitent de ce qui naît et de ce qui meurt » (521 E). Ces dernières s'appliquent au devenir et à tout ce qui manque de stabilité, elles sont en conséquence dépourvues, tout comme ce dont elles s'occupent, d'intelligibilité réelle. La méthode dialectique doti donc se fonder, en son point de départ, sur un ensemble de disciplines telles que l'arithmétique, la géométrie, l'astronomie, la stéréométrie et l'harmonie. Ces sciences dont l'objet est encore l'univers sensible, se situent cependant dans une perspective supérieure à celle des techniques empiriques, elles relèvent de l'intelligible et « obligent l'âme à se servir de la pure raison pour atteindre la vérité en soi » (*République,* 526 B). Elles occupent ainsi une place intermédiaire entre les disciplines qui s'appliquent au devenir et la science que Platon nomme dialectique, la seule qui offre, à ses yeux, toutes les garanties de rigueur et d'intelligibilité.

Lorsqu'il les pratique, en effet, « l'esprit se voit obligé d'user d'hypothèses (sans aller au principe, parce qu'il ne peut jamais s'élever au-dessus des hypothèses), mais en se servant comme d'images, des objets mêmes qui produisent les ombres de la section inférieure, objets qu'il juge plus clairs que les ombres et qu'il prise comme tels » (*République,* 511 A).

Ces disciplines témoignent d'une rationalité encore imparfaite. Usant toujours de quelques données sensibles, elles ne dévoilent point les principes ultimes mais demeurent sur le plan des hypothèses. Leur aspect discursif constitue une imperfection et restreint leur intelligibilité dans la mesure où celle-ci se définit comme la faculté pour un être d'être immédiatement et complètement compris par la raison. Elles considèrent les objets du monde sensible comme les images ou les symboles — dégradés — de l'univers idéal. Tel est bien, par exemple, le point de vue de l'apprenti-philosophe, lorsqu'il étudie les sciences astronomiques :

« Il lui faut se servir, affirme Socrate, des ornements variés du ciel comme d'exemples pour atteindre à la connaissance des choses invisibles, comme on ferait, si on trouvait des dessins de Dédale, ou de quelque autre artiste ou peintre, tracés et travaillés d'une main géniale. En les voyant, un géomètre y reconnaîtrait des chefs-d'œuvre d'exécution, mais il trouverait ridicule de les étudier sérieusement dans le dessein d'y saisir la vérité absolue des rapports d'égalité, du double ou de toute autre proportion... Le véritable astronome... se placera au même point de vue en regardant les mouvements célestes, il pensera que l'ouvrier du ciel et des astres que le ciel renferme, les a disposés avec toute la beauté qu'on mettre en de tels ouvrages » (*République*, 529 E - 530 A).

Il ne les identifiera point cependant à la réalité profonde dont le propre est de rester invisible, mais il les considérera comme des images — relativement imparfaites — de cette réalité.

L'on peut en conclure que les sciences analogues à l'astronomie (l'arithmétique, la géométrie, l'harmonie et la stéréométrie) ne conduisent point l'esprit au monde idéal mais lui en donnent seulement une idée ou une image approximative. On ne peut donc s'en tenir à la lettre de ce qu'elles enseignent — on se limiterait ainsi aux objets sensibles — mais on doit les pratiquer dans un but exclusivement méthodologique. Lorsque l'apprenti-philosophe en aborde l'étude, il ne peut le faire en vue d'acquérir un ensemble de connaissances positives, mais il tente uniquement de déceler la méthode de chacune de ces disciplines; la découverte d'une telle méthode lui permet, seule, d'atteindre ce qu'il recherche avant tout : la formation de son esprit. En pratiquant, entre autres, la science du calcul, le jeune homme s'efforcera de comprendre, grâce à l'usage de la seule raison, la nature des nombres, celle de l'unité et de la multiplicité; il évitera d'introduire dans ses raisonnements des chiffres concrets représentant certains objets sensibles, il ne les fera point servir, comme les marchands, aux ventes et aux achats, mais il tentera, grâce à cette arithmétique débarrassée de toute référence utilitaire, de se faciliter le passage du monde visible au monde idéal (*République*, 525 CD). Il tendra ainsi à scruter les propriétés intrinsèques « de nombres qu'on ne peut saisir que par la pensée et qu'on ne peut manier d'aucune façon » (*République, 526 A*).

De même, au moment où il se consacrera à la géométrie, il se gardera de l'étudier en praticien mais il tentera, grâce à son intermédiaire, de découvrir et d'intelliger les essences, c'est-à-dire ce qui demeure toujours immuable et invisible (*République*, 526 E - 527 A).

En résumé, conclut Socrate, « c'est en nous posant des problèmes que nous étudierons l'astronomie et la géométrie, mais nous ne nous arrêterons pas à ce qui se passe dans le ciel si nous voulons tirer réellement de cette étude de quoi rendre utile la partie naturellement intelligible de notre âme... » (530 C).

Négligeant l'apport de ces disciplines sur le plan du devenir, le jeune philosophe visera uniquement à considérer leurs principes et ne les étudiera que dans le but d'acquérir, grâce à elles, une méthode qui lui permettra, ensuite, de rechercher et d'atteindre le monde idéal. Jouant ainsi un rôle d'initiation, l'ensemble de ces disciplines constituera, si l'on ose dire, le narthex de la dialectique.

Au contraire de celles dont les principes ne sont encore que des hypothèses et qui témoignent de certaines attaches avec le monde sensible, la science dialectique apparaît comme la découverte progressive du pur intelligible, découverte totalement purifiée de toute sujétion au devenir. Les objets qu'elle étudie sont ceux que la raison elle-même saisit en vertu de sa propre puissance; elle considère ses raisonnements comme de pures hypothèses, à l'encontre de la géométrie, de l'astronomie et des sciences analogues qui les conçoivent en tant que principes; ces hypothèses lui apparaissent comme autant de points d'appui pour s'élever progressivement jusqu'au principe ultime qui exclut toute incertitude et toute imprécision. Ce principe atteint, la réflexion dialectique redescend et s'attache à découvrir toutes les conséquences qui en découlent et cela, jusqu'à la conclusion dernière, sans faire usage d'aucune donnée sensible mais en passant d'une Idée à une Idée pour aboutir à une Idée (*République*, 511 BC). Ce qui, dans la perspective de disciplines telles qu'astronomie, géométrie et sciences similaires, constitue un ensemble de principes, perd au niveau de la dialectique ce caractère éminent pour ne plus jouer qu'un rôle d'intermédiaire, indispensable assurément quoique toujours partiel et imparfait. L'esprit, dans la mesure où il s'en sert comme d'hypothèses, s'élance et, de proche en proche, atteint le monde idéal. S'établissant au sein de l'intelligible pur, il va d'essence en essence et n'utilise plus que les ressources de la pensée exclusive. Il découvre ainsi le sommet de la hiérarchie idéale, le Bien, soleil intelligible, source de toute science. Il doit, pour ce faire, consentir de longs efforts et s'astreindre à un cheminement pénible qui « ne constitue point, selon l'expression de l'interlocuteur de Socrate, une mince besogne », mais il acquiert ainsi une connaissance ontologique plus vraie que « celle qu'on obtient par ce qu'on appelle les sciences, lesquelles (on s'en souvient) ont des hypothèses pour principes » (*République*, 511 CD).

Cette démarche dialectique, source et couronnement de toutes les autres disciplines, se déroule en deux phases successives et complémentaires. La première se définit ainsi :

« Vers une forme unique mener, grâce à une vision d'ensemble, ce qui est en mille endroits disséminé, afin que, par la définition de chacune des unités, on fasse voir clairement quelle est celle sur laquelle on veut, en chaque cas, faire porter l'instruction. C'est ce que nous fîmes naguère à propos de l'amour, voilà ce qu'il est d'après notre définition, et que la formule de celle-ci fût bonne ou mauvaise, à tout le moins l'effet en a été de mettre le discours en état de réaliser, en ce qu'il disait, la clarté et l'accord avec soi-même » (*Phèdre*, 265 D).

Cette première phase constitue la dialectique ascendante ou sunagaugè. Elle est celle qui, s'élevant d'hypothèse en hypothèse et les rejetant l'une après l'autre, atteint enfin le principe ultime (le Bien, l'Etre, l'Un). Elle tente par étapes successives, de découvrir « l'unité naturelle d'une multiplicité », ce qui résume et donne leur raison d'être aux objets multiples et disséminés (*République*, 518 D). Cette première phase de la dialectique opère ainsi un rassemblement de plus en plus général de notions éparses, innombrables mais possédant toutefois certains caractères communs. La sunagaugè vise à déceler ces caractères et à les mettre en relief. Elle unifie, si l'on ose dire, la diversité apparente de ces notions, en isolant, à la suite d'une longue et patiente analyse, un principe unique qui en constitue la source et le fondement. Elle y aboutit par une réduction progressive à un commun dénominateur et par la formation d'unités toujours plus générales, embrassant un plus grand nombre de notions. Ces unités, à mesure qu'elles s'agrandissent, en englobent d'autres, plus restreintes, et acquièrent, par là-même, toujours plus d'intelligibilité. Au fur et à mesure que le dialecticien progresse dans leur découverte, les hypothèses qu'il émet perdent de plus en plus leur caractère approximatif et mènent l'esprit toujours plus près de la révélation du monde idéal. Au terme de son effort, l'intelligence atteint un principe ultime qui réduit la multiplicité primitive et qui n'a plus rien d'hypothétique (n'est-il pas anupotheton ?), un principe qui explique mais demeure inexpliqué. Dans son épanouissement total, la dialectique ascendante révèle à l'homme la plénitude de l'être, qui est celle de l'Un, qui est celle du Bien, clef de voûte de l'univers idéal.

Mais la dialectique demeurerait une méthode incomplète si elle se limitait à la sunagaugè, à ce mouvement ascendant dont le but est de nous faire découvrir les fondements du monde. Tout n'est pas dit lorsque l'intelligence est arrivée au terme de cette progression dialectique. La connaissance que nous avons de la réalité serait imparfaite si elle se limitait à une intuition de l'être, une intuition profonde assurément mais peu explicite. Ainsi que le déclare Socrate, à partir de cet Un essentiel que la dialectique ascendante nous a fait découvrir,

> « Il faut être capable, en retour, de détailler par espèces, en observant les articulations naturelles, et s'appliquer à n'en casser aucune partie en évitant les façons d'un méchant dépeceur » (*Phèdre,* 265 C).

Et un peu plus loin, le maître de Platon ajoute :

> « C'est de cela, Phèdre, que je suis, pour ma part, amoureux : de ces divisions et de ces rassemblements, en vue d'être capable de parler et de penser. Ce qui est vrai aussi, c'est que les hommes qui sont aptes à ce faire (ai-je raison ou non de les désigner ainsi ? Dieu le sait) jusqu'à présent en tous les cas, je les appelle les dialecticiens » (*Phèdre,* 266 B).

On le voit, si la dialectique ascendante se fonde sur « la régression aux principes » [1], si elle est une tentative toujours plus poussée d'atteindre une unité toujours plus totale, la dialectique descendante ou diairesis pratique, elle « la division par espèces » [1] et parcourt en sens inverse le chemin suivi par la sunagaugè. Elle part du principe universel pour redescendre vers les réalités multiples. Sa tâche est essentiellement logique et rationalisante, elle ne fait plus « aucun usage d'aucune donnée sensible », mais « passe d'une Idée à une Idée pour aboutir à une Idée » (*République,* 511 C); elle détaille par espèces en respectant les articulations naturelles (*Phèdre,* 265 E). Alors qu'une multiplicité confuse et indéterminée constitue le point de départ de la dialectique ascendante, la diairesis aboutit à une multiplicité définie, logiquement structurée, rationnellement ordonnée, « celle qui est faite de toutes les différences » selon l'excellente expression

[1] J. CHEVALIER, *Histoire de la Pensée,* I, p. 223.

de L. Robin[2]. La dialectique descendante les découvre et les cerne de fort près, elle permet au philosophe de constituer les espèces distinctes et aboutit à une « forme » dans l'unité de laquelle ne s'aperçoit plus aucune différence qui puisse se définir et donner lieu à un progrès dans la spécification : c'est l'espèce indivisible[3].

On le voit : la dialectique descendante complète et achève la tâche de la sunagaugè. Alors que celle-ci décèle les principes ultimes et unifie la réalité en la fondant sur un ensemble de notions et d'Idées peu nombreuses, hiérarchisées et extrêmement générales, la dialectique descendante part de ces principes pour expliciter et rationaliser la multiplicité du monde, primitivement indéterminée. La tâche de la diairesis, exclusivement logique, structure cette multiplicité; elle vise à classer, diviser, ranger selon des critères rigoureux et en catégories précises les divers éléments dont les rapports constituent l'univers. Ainsi que le déclare Socrate :

« Il faut toujours poser en quelque ensemble que ce soit et chercher en chaque cas une forme unique, on l'y trouvera en effet présente. Si donc nous l'appréhendons, après cette forme unique, (il convient) d'examiner s'il y en a deux et sinon deux seulement trois ou quelque autre nombre puis faire le même examen pour chacune de ces unités nouvelles jusqu'à ce que, de cet Un primitif, on voie non seulement qu'il est un, et multiple et infini mais aussi quelle quantité précise il atteint; quant à la forme de l'infini, (il importe de) ne pas l'appliquer à la multitude avant d'avoir saisi quel nombre total celle-ci réalise dans l'intervalle entre l'infini et l'un... Voilà donc, je le disais, ce que les dieux nous ont transmis comme méthode de recherche, de découverte et d'enseignement » (*Phèdre*, 16 DE).

Ce texte ne souffre point d'équivoque : la méthode dialectique y est excellemment définie, méthode dont le propre est de rechercher une forme unique, applicable à chaque ensemble d'éléments :

---

[2] L. ROBIN, *Notice au Phèdre*, Les Belles Lettres, p. CLVII.
[3] L. ROBIN, *op. cit.*, p. CLIII.

« Apercevoir une forme unique déployée en tous sens à travers une pluralité de formes mutuellement différentes, qu'une forme unique enveloppe extérieurement, une forme unique répandue à travers une pluralité d'ensembles sans y rompre son unité; enfin, de nombreuses absolument solitaires », telle est l'œuvre dialectique, telle est l'œuvre d'une science qui permet de « discerner, genre par genre, quelles associations sont, pour chacun d'eux, possibles et impossibles » (*Sophiste*, 233 E).

Mais, comme le reconnaît explicitement Platon, s'il est aisé de montrer en quoi consiste la dialectique — ascendante et descendante, — il est extrêmement difficile de la pratiquer. Dans le *Philèbe*, Socrate avoue que l'exercice d'une telle méthode mène l'esprit le long d'une route aride, hérissée d'obstacles et « qui, bien des fois déjà, l'a fui et l'a laissé sans guide ni issue » (16 BC). La pratique de la sunagaugè et de la diairesis exige un effort considérable dont l'intelligence n'est pas toujours récompensée. Beaucoup de patience et de lucidité lui sont nécessaires pour aboutir à un résultat fructueux.

Un examen plus attentif des deux phases de cette méthode nous révélera les raisons d'une telle difficulté.

La sunagaugè atteint, nous l'avons vu, d'étape en étape, un principe ontologique toujours plus profond, toujours plus fondamental. La dialectique ascendante achemine l'esprit vers une découverte intuitive de l'Etre, elle n'engendre point une connaissance logiquement structurée, rationnellement définie et hiérarchisée, elle n'engendre point, selon l'expression de M. De Corte, une connaissance « essentielle », au sens aristotélicien du terme [4]. Mais elle est une expérience concrète, « indicible » [5] quoique réelle du principe ontologique. Nous pourrions rappeler ici ce que nous affirmions dans les pages qui précèdent : la connaissance humaine est une connaissance

---

[4] M. DE CORTE, *La question platonicienne*, in « Revue de Philosophie », 1938, p. 501.
[5] M. DE CORTE, *op. cit.*, pp. 514-515.

par connivence, elle est une découverte, en quelque sorte
« existentielle » (si l'on nous permet cette expression moderne
et partiellement inadéquate) de la réalité profonde dans la
mesure où l'âme opère un retour en elle-même, dans la mesure
où une secrète connivence se révèle entre elle et l'univers idéal.
Cette affinité ontologique se découvre progressivement au fur
et à mesure que se déroule la dialectique ascendante. La
sunagaugè apparaît donc comme la méthode qui permet d'acquérir cette connaissance intuitive de l'Etre.

D'autre part, souvenons-nous en, « tenter d'introduire au
cœur même de l'existence totale, saisie par l'intuition première, les discriminations logiques qui permettront de sauver
le multiple » [5] telle est la tâche fondamentale de la diairesis.
Celle-ci tente de rationaliser l'expérience métaphysique que
l'esprit a vécue grâce à la sunagaugè. Elle tente de substituer
le plan logique au plan existentiel et de définir d'une manière
précise la découverte en quelque sorte métarationnelle de
l'Etre.

Mais tirer d'une intuition métaphysique une intelligibilité
purement logique n'est point chose aisée. C'est, en effet, tenter
de rationaliser ce qui par définition même apparaît, comme
supra (ou infra...) rationnel. L'on comprend dès lors l'aveu
socratique du *Philèbe,* l'on comprend dès lors pourquoi le
philosophe athénien esquive en deux occasions le problème
de savoir comment s'effectue la reconstruction logique du
monde idéal, intuitivement expérimenté.

Dans la *République* (532 C), Socrate affirme que l'étude
des sciences telles que la géométrie, l'astronomie, la stéréométrie, l'harmonie et l'arithmétique se révèle favorable à
l'épanouissement de l'habileté dialectique, mais il se garde
bien d'en donner le moindre exemple. Son interlocuteur,
Glaucon, le remarque, il souligne la difficulté d'admettre la
conception socratique mais il renonce, lui aussi, à creuser

[5] Voir note 5 page précédente.

le problème : une autre fois, déclare-t-il, nous le reprendrons; aujourd'hui, contentons-nous de ton point de vue sans autre discussion [6].

Cette manière d'éluder une question embarrassante n'est point isolée : on la découvre déjà au cinquième livre de la *République* lorsque Socrate feint plusieurs fois de ne pas entendre la question de savoir ce qu'est le Bien [7]. Acculé, il reconnaît son incertitude :

« Je crains que cela ne dépasse mes forces et que mon zèle maladroit ne prête à rire. Faisons mieux, mes bienheureux (*sic*), laissons-là, quant à présent, la recherche du Bien tel qu'il est en lui-même, il me paraît

---

[6] « L'étude des sciences que nous avons passées en revue, lit-on dans la *République,* élève la partie la plus noble de l'âme jusqu'à la contemplation du plus excellent de tous les êtres, comme tout à l'heure nous venons de voir le plus perçant des organes du corps s'élever à la contemplation de l'objet le plus lumineux dans le monde matériel et visible. — Pour moi, répond Glaucon, je conçois la chose comme toi, quoiqu'elle me paraisse fort malaisée à admettre. Il est vrai que, d'un autre point de vue, elle me semble difficile à rejeter. Cependant, comme ce ne sera pas, aujourd'hui, la seule fois que nous aurons à en parler, et que nous serons obligés d'y revenir encore plus d'une fois, admettons provisoirement le point en question » (532 CD).

[7] « Toi-même, Socrate, que penses-tu que soit le Bien ? Science, plaisir ou quelque autre chose ? — Toi, l'ami, répondis-je, je voyais fort bien à l'avance que tu ne serais pas satisfait de l'opinion des autres en cette matière ... Quoi donc, dis-je, trouves-tu raisonnable de parler de ce qu'on ne sait pas comme si on le savait ? — De parler comme si on le savait, non, fit-il, mais de consentir à parler en homme qui expose sa pensée personnelle, oui. — Hé, dis-je, ne vois-tu point que les opinions qui ne s'appuyent pas sur la science, font toutes piètre figure ? Les meilleures d'entre elles sont aveugles. Où trouves-tu quelque différence entre deux aveugles qui vont droit leur chemin et ceux qui témoignent d'une opinion vraie sur quelque chose sans en avoir l'intelligence ? — Je n'en trouve aucune, dit-il. Tiens-tu donc à contempler des choses laides, aveugles, tortueuses au lieu d'entendre exposer par d'autres, des choses éclatantes et magnifiques ? — Au nom de Zeus, Socrate, s'écrie Glaucon, ne t'arrête pas comme si tu étais arrivé à terme. Nous serons satisfaits si, comme tu nous as expliqué la justice, la tempérance et les autres vertus, tu nous expliques de même ce qu'est le Bien. — Et moi aussi, mon cher, je le serais, et pleinement, mais je crains que cela ne dépasse mes forces et que mon zèle maladroit ne prête à rire » (*République,* 506 BE).

trop haut pour que notre élan nous porte aujourd'hui jusqu'à la conception que je m'en forme » (506 DE).

Quoiqu'il souligne l'existence du Bien, quoiqu'il lui reconnaisse un rôle essentiel (ne déclare-t-il pas : « Connussions-nous toutes choses, si nous ne connaissons pas le Bien, nous ne connaissons rien » ?) Socrate renonce à expliciter la nature de cette Idée dont il n'a qu'une connaissance exclusivement intuitive et existentielle (au sens où M. De Corte entend ce mot et l'applique à la sunagaugè).

Tout ceci illustre à suffisance les difficultés que rencontre l'esprit lorsqu'il s'adonne à l'exercice dialectique, lorsqu'il s'efforce de passer de la sunagaugè à la diairesis. S'il ne lui est pas encore trop ardu de s'engager dans la voie de la dialectique ascendante, sa tâche se révèle beaucoup plus malaisée au moment où il aborde la seconde phase de cette méthode réflexive. Il lui devient fort difficile de rationaliser l'expérience métaphysique, fruit de la sunanaugè. Ceci ne doit point nous étonner s'il est exact, ainsi que le déclare R. Schaerer, que la dialectique est tout à la fois ontologique et logique [8]. Elle constitue une méthode qui réalise la synthèse de l'expérience intuitive et de son expression logique, une méthode qui permet le passage de l'une à l'autre; existentielle autant que rationalisante, elle se révèle d'une pratique délicate, elle qui autorise le philosophe à élaborer une définition rigoureuse des Idées et à dévoiler leurs rapports mutuels sans trahir pour autant l'expérience qu'il en a.

---

[8] G. RODIER (*Etudes de philosophie grecque*, Paris, 1926, pp. 37-73), souligne, lui aussi, ce double caractère de la dialectique platonicienne : à ses yeux, le premier moment de cette méthode réflexive est empirique : « On prend pied sur les notions de plus en plus générales que la classification du donné permet d'établir pour remonter jusqu'à l'anupotheton. On admet sans démonstration le ″ Ti estin ″ et le ″ Oti estin ″ de chacun des genres posés. Le second moment, la dialectique descendante, est seul purement rationnel. Seul, il atteint des Idées et non plus des généralités empiriques » (pp. 56-57).

Il en résulte que cette discipline réflexive apparaît, si l'on ose s'exprimer ainsi, comme écartelée entre une découverte intuitive de la réalité et une tentative de rationaliser cette découverte [9]. Nous devons bien reconnaître qu'en ce domaine, la conception platonicienne nous entraîne en une suite de paradoxes, peut-être très suggestifs, mais qui n'en demeurent pas moins fort obscurs.

Si nous admettons que la sunagaugè engendre une connaissance essentielle de l'Etre, si nous admettons qu'elle constitue une méthode grâce à laquelle l'esprit prend conscience d'une similitude ontologique existant entre lui-même et l'univers idéal, les rapports du thème de la réminiscence et de la dialectique s'éclairent quelque peu. Celle-ci devient le processus qui permet à l'intelligence d'acquérir la sagesse par l'anamnèse. En d'autres termes, la méthode grâce à laquelle le phénomène de la réminiscence éclôt et se développe, est celle de la dialectique. Ce phénomène ne sous-entend-il pas sans cesse l'initiation à la Beauté dans le *Phèdre* et le *Banquet* ? « A la vue du bien-aimé, déclare Socrate, les souvenirs du cocher (de l'âme) se portent vers la réalité de la Beauté, il la revoit, accompagnée de la Sagesse, et dressée sur son socle sacré; il l'a revue dans son souvenir » (*Phèdre,* 254 B). La source du mouvement dialectique qui porte l'homme vers celui qu'il aime, se situe dans cette beauté contemplée jadis, au moment où l'âme ne s'était pas encore incarnée. Si cet homme aime tel ou tel jeune garçon, ce n'est point, malgré les apparences,

---

[9] M. DE CORTE (*op. cit.,* p. 508) écrit à ce propos : « Si on considère la dialectique comme une méthode de découverte antérieure par nature à la découverte elle-même et à la révélation de l'être pur, l'être ainsi abstrait équivaudrait au néant car le point de départ manquerait, si l'on peut s'exprimer ainsi, de solidité. Il faut que la dialectique s'identifie en son premier mouvement à l'expérience de l'être pur si on veut qu'elle s'avère efficace ».

pour ce garçon même [10], mais c'est parce qu'il découvre dans les traits de l'élu la trace de la Beauté idéale, c'est parce qu'il y retrouve un reflet plus ou moins dégradé de ce dont il se souvient : « Quant à celui pour qui les réalités de jadis furent un abondant sujet de contemplation, celui-là, lorsqu'il voit un visage d'un aspect divin, imitation réussie de la Beauté, ou quelque corps pareillement bien fait, il éprouve d'abord un frisson... puis le voici qui tourne ses regards dans la direction du bel objet, il le vénère à l'égal d'un dieu... » (*Phèdre*, 251 A). La beauté charnelle ne pourrait émouvoir cet homme et par là le conduire progressivement à la redécouverte de la Beauté idéale si elle n'éveillait point en lui le souvenir — certes estompé mais bien réel — de cette Beauté contemplée naguère. La source de l'initiation au Beau idéal constitue donc, aux yeux de Platon, une réminiscence de ce que l'esprit a jadis admiré. En d'autres termes, la méthode dialectique se fonde sur une anamnèse et elle ne constitue qu'un moyen pour approfondir cette anamnèse. Si l'on en veut une preuve, que l'on écoute Socrate :

« Les opinions vraies, déclare-t-il dans le *Ménon*, les a-t-on enchaînées, elles deviennent sciences et par suite stables. Or c'est là, mon cher, ce que nous avons précédemment reconnu être une réminiscence » (96 A). Et de même, dans le *Phèdre*, ne nous affirme-t-il pas : « Une intelligence d'homme doit s'exercer selon ce qu'on appelle Idée, en allant d'une multiplicité de sensations vers une unité dont l'assem-

---

[10] « Lorsqu'enfin, ils l'atteignent par le souvenir et que le Dieu dont il s'agit les possède, c'est à lui qu'ils empruntent leurs façons habituelles et l'occupation de leur activité pour autant qu'il est possible à l'homme de participer à la divinité. Bien entendu, ce résultat, c'est au bien-aimé qu'ils le rapportent et ils l'en chérissent encore davantage; ont-ils même puisé à la source de Zeus, pareils aux Bacchantes, ils reversent ce qu'ils y ont pris sur l'âme du bien-aimé, le rendant ainsi le plus complètement possible semblable au Dieu qui est le leur » (*Phèdre*, 253 A). Les amant, victimes d'une illusion, croient reconnaître en leur bien-aimé la source exclusive de leur amour alors qu'en réalité, ils ne l'aiment que parce qu'ils retrouvent en ses traits l'ombre du Beau, réalité invisible dont ils ont mémoire.

blage est œuvre de réflexion. Or cet acte consiste en un ressouvenir des objets que jadis notre âme a vus, lorsqu'elle s'associait à la promenade d'un dieu » (249 BC).

On le voit : ces textes définissent le processus dialectique et l'identifient au phénomène de réminiscence. Ils nous apprennent que la dialectique, constituée d'un enchaînement d'opinions, transforme celles-ci et modifie profondément leurs caractères. Elle en vérifie l'exactitude et leur attribue par là même une plus grande intelligibilité. Lorsqu'une telle vérification ne s'est pas encore effectuée, le phénomène de réminiscence n'est toujours qu'un ensemble d'opinions, qu'aucun lien logique n'enchaîne, et qui se révèlent ainsi dépourvues de tout caractère réellement scientifique. Comme le déclare Socrate, « pour le moment, ces opinions vraies ont surgi en lui (l'esclave) comme dans un songe. Mais si on l'interroge souvent et de diverses manières sur les mêmes sujets, (on peut) être sûr qu'il finira par en avoir une connaissance aussi exacte qu'homme du monde » (*Ménon,* 85 C).

Ce texte est limpide : le phénomène d'anamnèse ne peut être fructueux, il ne peut engendrer une connaissance authentique de l'univers idéal si l'esprit ne s'astreint pas au préalable à un long exercice dialectique, à une analyse rigoureuse des opinions primitivement soutenues. Ce phénomène ne possède, en son point de départ, qu'un caractère de vraisemblance, dépourvu de toute intelligibilité profonde. On peut lui appliquer la définition socratique de l'opinion : elle n'est « ni l'ignorance, ni la connaissance, elle est plus obscure que la connaissance, plus lumineuse que l'ignorance. Elle est donc l'intermédiaire entre l'une et l'autre » (*République,* 534 A). S'identifiant à l'opinion, le phénomène d'anamnèse engendre une suite de jugements droits que l'intelligence ne peut encore fonder en toute rigueur mais qui constituent « des moyens termes entre la compréhension et l'ignorance » (*Banquet,* 202 A); de telle sorte que, par exemple, l'esprit qui découvre la multitude des belles choses mais ne distingue pas la Beauté idéale et se révèle incapable de suivre celui qui voudrait le mener jusqu'à elle, cet esprit n'a sur toutes choses que des opinions mais non une connaissance authentique (*République*, 479 E). Loin d'être un ami de la sagesse, il n'est qu'un ami de l'opinion (*République*, 480 A), cette opinion qui n'est autre chose que « la faculté qui nous rend capables de juger sur l'apparence » (*République*, 477 E) mais non sur la réalité. Nous pouvons dès lors en conclure que l'esprit qui ne dépasse point ce stade, ne peut jouir d'une réminiscence fructueuse. Il demeure au niveau de l'opinion dont le propre est de n'engendrer qu'une connaissance radicalement imparfaite. Elle nous permet certes de distinguer les concepts exacts de ceux qui ne le sont pas mais elles demeure dépourvue de toute intelligibilité réelle. Elle ne l'applique point au monde idéal mais à l'univers sensible, bien éloigné de l'immuabilité rationnelle. L'esprit ne possède alors qu'une connaissance « introduite de l'extérieur, non appuyée sur une démonstration rigoureuse » [11], une connaissance sujette à caution puisque formée de jugements portés à l'aventure. Cette connaissance est le fruit d'une espèce de persuasion qui n'a rien de vraiment scientifique [12]. Une telle persuasion, dans la mesure où elle

[11] L.M. REGIS (*L'opinion selon Aristote*, Paris-Ottawa, 1935, p. 29) fait remarquer que les prophètes et les devins se situent sur le même plan que ceux qui se satisfont de la doxa. Leur « science » ne se révèle pas plus rigoureuse.
Nous ne pouvons qu'approuver ce commentateur. Socrate ne déclare-t-il pas dans le *Ménon* : « La science étant hors de cause, reste l'opinion vraie. C'est par elle que les hommes d'Etat gouvernent les cités avec succès; à l'égard de la science, ils ne diffèrent en rien des devins et des prophètes car ceux-ci disent souvent la vérité mais sans rien connaître de ce dont ils parlent... » (*Ménon*, 99 C).
[12] L'on distingue deux espèces de persuasion, « l'une qui crée la croyance sans la science, l'autre qui donne la science » (*Gorgias*, 454 E).
La première ne prend appui que sur le monde sensible, sur l'apparence. En tant que telle elle n'engendre point la Sagesse mais se révèle la source d'opinions fallacieuses. Elle constitue l'arme favorite des sophistes, ces créateurs d'illusions. La seconde se fonde sur l'être « qui

est issue de raisonnements peu contraignants, se révèle créatrice de mirages et ne se fonde que sur l'irrationalité de l'univers sensible. Elle s'occupe de « choses qui n'ont aucune fermeté » (*Philèbe,* 59 AB), et n'atteint que l'eidaulon, c'est-à-dire l'aspect le plus évanescent du monde. L'esprit doit donc dépasser cette première étape et, par l'exercice dialectique, s'élever peu à peu à la Sagesse. Il devra, pour ce faire, se plier aux arcanes d'une stricte discipline et ne point perdre patience. Ainsi que le déclare le *Ménon,* il devra enchaîner les opinions les unes aux autres et faire en sorte que cet enchaînement soit rigoureux [13]. Certes, ces opinions consti-

possède une forme immuable et n'admet en soi aucun élément venu d'ailleurs » (*Timée,* 52 A). Alors que la première est antérieure à l'opinion qu'elle engendre et se révèle le fruit de procédés (telle la rhétorique) qui n'offrent aucune garantie rationnelle, la seconde découle de l'intelligibilité des Idées que l'esprit découvre. Elle échappe ainsi, à l'encontre de la première, aux reproches de Platon dans la mesure où elle est intimement liée au dynamisme de la vérité.

[13] Les principes génétiques de l'opinion constituent la mémoire et la sensation. Socrate ne déclare-t-il pas dans le *Philèbe* : « La mémoire, en sa rencontre avec la sensation, et les réflexions que provoque cette rencontre, me semblent, si j'ose dire, écrire en nos âmes des discours. Lorsque ces discours se révèlent exacts, le résultat est en nous une opinion vraie » (39 A). (Il s'agit ici de la mémoire entendue en son sens traditionnel et non plus du phénomène de réminiscence cognitive). Malgré ses sources confuses, malgré son caractère irrationnel, l'opinion n'est cependant point dépourvue de toute utilité dans le domaine de la morale. Socrate ne reconnaît-il pas dans le *Ménon* : « L'opinion vraie n'est pas un moins bon guide que la science quant à la justesse de l'action... (Elle) possède le même privilège que la raison : diriger notre conduite correctement... (Elle) n'est donc pas moins utile que la science » (97 BD).

Sur le plan de la morale pratique, Socrate attribue donc une valeur identique à l'opinion et à la reconnaissance rigoureusement fondée. Cette opinion (pour autant qu'elle soit exacte) perd son caractère aléatoire et confus. Lorsqu'on envisage le seul aspect pratique de l'agir humain, elle acquiert une importance égale à celle du raisonnement. A l'appui de son affirmation, Socrate produit le fameux exemple de la route de Larissa : « Je suppose qu'un homme, connaissant la route de Larissa ou de tout autre lieu, s'y rende et y conduise d'autres voyageurs, ne dirons-nous pas qu'il les a bien et correctement dirigés ? — Sans doute. — Et si un autre, sans jamais y être allé et sans connaître tuent le point de départ du phénomène d'anamnèse mais elles ne sont qu'une étape que l'esprit doit franchir s'il veut atteindre, un jour, l'univers des Idées.

Pour que la doxa se transforme en noèsis, pour que l'opinion, fondée sur un ensemble de conjectures et ayant pour objet une réalité soumise aux lois du devenir, se métamorphose en science authentique, il convient, avons-nous dit, que le phénomène d'anamnèse unisse cette opinion vraie à ses voisines [14] et les enchaîne d'une manière rigoureuse. Ce phénomène apparaît comme une rationalisation progressive d'hypothèses exactes et se situe désormais sur un plan purement intelligible. L'esprit, grâce à la diairesis, abandonne peu à peu ses conjectures pour une suite de raisonnements plus rigoureux qui structurent la réalité et en dévoilent l'unité complexe. Il se détourne du monde sensible et ne vise plus que l'être immuable. En d'autres termes, il élabore une justification rationnelle de ses opinions et met en relief leur caractère anhypothétique. Par là même, il acquiert une connais-

---

la route, la découvre par une conjecture exacte, ne dirons-nous pas encore qu'il a guidé correctement ? — Sans contredit. — Et tant que ces conjectures seront exactes sur ce que l'autre connaît, il sera un aussi bon guide avec son opinion vraie dénuée de science que l'autre avec sa science. — Tout aussi bon... » (*Ménon*, 97 A). La vie pratique n'exige point toujours des raisonnements ni des critères rigoureux, elle se satisfait souvent de l'opinion, pourvu que celle-ci se révèle exacte. Par l'exemple qu'il nous donne dans le *Ménon*, Socrate nous apprend que l'opinion et la science s'équivalent quant au résultat qu'elles atteignent l'une et l'autre. La première n'apparaît inférieure ou inadéquate que dans l'hypothèse où la conduite exige, pour être correctement inspirée, le recours à des critères plus rigoureux de moralité.

Notons enfin que l'on distingue la doxa alèthès et la doxa alèthès meta logou. Tandis que la première ne possède aucune structure rationnelle, la seconde, tout en demeurant aléatoire, fait preuve néanmoins d'une certaine rigueur.

[14] L. STEFANINI (*Platone*, Padova, 1949, II, p. 105) a raison d'écrire que l'opinion vraie constitue la première étape de la démarche cognitive. Toute connaissance authentique apparaît d'abord comme une doxa alèthès.

sance désormais fondée, « inébranlable et qui s'accompagne toujours d'une démonstration vraie » (*Timée,* 51 E). Il atteint « la fermeté, la pureté, la vérité et l'intégrité de l'être qui se trouve ailleurs » (*Timée,* 59 C).

Nous pouvons en conclure que la dialectique, source de connaissance, apparaît étroitement unie au phénomène d'anamnèse. Le processus qui permet à l'esprit d'accéder à la Sagesse, est à la fois dialectique et mnémique. Dialectique en ce qu'il est une conquête progressive de la Vérité, en ce qu'il est un cheminement aussi long que pénible vers les réalités idéales, en ce qu'il est une rationalisation toujours plus rigoureuse des opinions humaines; mnémique (au sens symbolique du terme), en ce qu'il apparaît éminemment personnel et subjectif, en ce qu'il se révèle être la découverte intuitive d'une coexistence, d'une connivence ontologique de l'homme et du monde idéal. En d'autres termes, l'exercice dialectique réalise cette plongée, cette exploration de l'âme, grâce auxquelles l'homme se découvre « de beaux pensers », et qui se définissent mythiquement comme une réminiscence. La sunagaugè et la diairesis constituent en quelque sorte l'aspect méthodologique du processus cognitif, tandis que le thème de la réminiscence en représente l'aspect métaphysique dans la mesure où il implique une affinité profonde de l'esprit et des Idées [15].

Il importe néanmoins que nous approfondissions notre analyse des rapports de l'anamnèse et de la dialectique.

Quoique tout le monde connaisse sans aucun doute la fameuse comparaison de la ligne symbolisant les quatre degrés de la connaissance, résumons-la brièvement :

---

[15] Voir sur ce sujet notre premier chapitre, *Le thème de la Réminiscence dans les dialogues de Platon,* p. 5.

« Suppose, déclare Socrate, une ligne coupée en deux parties inégales; coupe encore chaque partie suivant la même proportion : celle du genre visible et celle du genre intelligible... » (*République*, 534 A).

La partie initiale de la première section (celle du monde sensible) correspond à l'aisthèsis, expérience irrationnelle et contingente. Elle ne possède rien de scientifique. La seconde partie symbolise la doxa qui peut être vraie ou fausse. Quoi-qu'elle soit encore infrarationnelle, elle se révèle cependant, dans certains cas, créatrice d'une connaissance réelle bien que relative. Elle constitue, en quelque sorte, le matériau que la réflexion dialectique transformera en science. La première partie de la seconde section, celle de l'intelligible, correspond aux connaissances dianoétiques telles que la géométrie, l'astro-nomie ou la stéréométrie. Ces disciplines demeurent encore préscientifiques, mais elles possèdent un caractère rationnel beaucoup plus accusé que celui de la doxa. Tout en étant discursives et tout en s'intéressant aux objets de l'univers sen-sible qu'elles considèrent comme des images, elles préparent l'esprit à la discipline dialectique mais ne la constituent point dans la mesure où leurs principes ne sont encore, pour le philosophe, que des hypothèses. La dernière section symbolise la science plénière, la noèsis, celle qui n'est point discursive, qui ne fait plus usage d'aucune donnée sensible, celle qui se meut sur le plan de l'intelligible pur et passe d'une Idée à une Idée pour aboutir à une Idée (*République,* 511 B). Ce sommet de la connaissance est le domaine de la dialectique strictement définie.

Si nous avons brièvement rappelé cette hiérarchie de la connaissance platonicienne, si nous avons opposé la dianoia à la noèsis, la première étant, si nous osons dire, la propé-deutique de la seconde, c'est parce que nous voudrions mon-trer qu'il existe aussi deux degrés de réminiscence, deux stades successifs et complémentaires du processus d'anamnèse.

Nous distinguerons d'abord une réminiscence dont le rôle est de préparer l'esprit à la révélation du monde idéal. Ce rôle est en tous points analogue à celui des sciences dianoétiques. Cette première réminiscence se compose d'une suite d'anamnèses partielles et toujours relatives qui s'appliquent encore à l'univers sensible et ne révèlent point à l'intelligence la réalité idéale en tant que telle. Les exemples en sont nombreux. L'interrogatoire que Socrate, dans le *Ménon,* fait subir à un esclave de son interlocuteur constitue l'un des plus significatifs. Chaque réponse du jeune homme constitue une réminiscence fragmentaire qui apparaît comme le fruit de ce qu'il a précédemment découvert et comme la source de ce qu'il découvrira ensuite. Elle concerne une partie restreinte de la question envisagée et ne saurait, en tant que telle, y répondre. Elle n'est qu'un des multiples intermédiaires — utiles quoique insuffisants, — qui permettent l'éclosion d'une anamnèse, source d'une connaissance authentique. Cette anamnèse ultime ne se réduit point à la somme de celles qui l'ont précédée mais elle n'aurait pu naître sans elles. Notons au surplus — et ceci nous semble essentiel — que les réminiscences de l'esclave demeurent toujours sur le plan de la science dianoétique (il s'agit d'un problème de géométrie) et ne révèlent point au jeune homme l'univers des Idées. Il ne s'agit donc pas d'une anamnèse au sens fort du terme : elle ne fait que préparer l'esprit de l'esclave à découvrir le monde idéal. Socrate l'a d'ailleurs bien compris puisqu'il déclare lui-même que la science du jeune homme demeure encore incertaine et aléatoire : « Pour le moment, ces opinions vraies ont surgi en lui comme dans un songe » (85 C).

Si l'on veut un autre exemple, on le découvrira dans le *Banquet.* L'initiation à la Beauté que ce dialogue expose, se constitue d'une succession de réminiscences partielles qui, de proche en proche, préparent l'esprit à la révélation de la Beauté idéale. Chacune de ces anamnèses ne cesse de s'appliquer au monde sensible. La première nous découvre le reflet du Beau idéal dans un corps unique; la seconde élargit cette découverte et distingue l'ombre de l'Idée dans un ensemble de créatures charnelles; la troisième nous révèle la beauté de l'âme, qui participe à la réalité intelligible du même nom, et qui n'appartient déjà plus, en tant que telle, au monde sensible; la quatrième nous dévoile le caractère aimable de l'action éthique, source de la beauté de l'âme; la cinquième, enfin, nous décèle ce qui donne à l'action morale ce caractère aimable, c'est-à-dire la beauté de toute connaissance philosophique, de toute sagesse. Ces anamnèses successives et rigoureusement enchaînées l'une à l'autre demeurent toujours extérieures à la révélation de la Beauté idéale, elles s'appliquent encore, si peu que ce soit, au monde sensible et ne constituent que les étapes préliminaires à la science authentique, celle de l'Idée, bien qu'elles soient constamment soustendues et inspirées par le souvenir du Beau en soi, leur source réelle.

L'on peut dès lors comprendre pourquoi cette première phase du phénomène de réminiscence se situe, à nos yeux, sur un plan identique à celui de la connaissance dianoétique. Cette première anamnèse joue un rôle analogue à celui de la dianoia qui devrait d'ailleurs, selon Socrate, « porter un autre nom qui lui impliquerait plus de clarté que celui d'opinion et plus d'obscurité que celui de la science » (*République,* 533 D). Ainsi que nous l'avons déjà fait remarquer, le maître de Platon et son interlocuteur, tout au long du fameux interrogatoire du *Ménon,* ne quittent point l'univers sensible et demeurent toujours au plan de la géométrie, c'est-à-dire au plan des sciences dianoétiques. C'est pourquoi le jeune esclave n'acquiert qu'une connaissance confuse et incertaine. Ceci ne doit point nous étonner dans la mesure où la géométrie, l'astronomie et d'autres disciplines analogues telles que l'harmonie et la stéréométrie ne mènent, pas plus que cette anamnèse partielle, à la révélation du monde idéal quoiqu'elles constituent, elles aussi, une étape indispensable — bien qu'insuffisante — à la découverte de cet univers.

Mais tout comme la dialectique achève et complète les sciences dianoétiques dans la mesure où elle permet à l'esprit de les dépasser, de même une anamnèse plus profonde que les précédentes, leur succède et les couronne. Loin de s'en tenir au monde sensible comme faisaient les premières, elle conduit l'homme à la contemplation de l'univers idéal et lui révèle l'Etre tel qu'il est éternellement. Elle ne recourt plus à rien de matériel mais se déroule d'un bout à l'autre au niveau de l'intelligible pur.

Cette anamnèse, soudaine et totale, survient au moment où l'esprit, après s'être initié à la discipline dialectique, s'est rendu assez habile pour franchir la dernière étape, la plus redoutable, celle qui tout à la fois unit et sépare deux univers hétérogènes quoique partiellement similaires; Platon ne déclare-t-il pas dans le *Banquet* :

« Quand un homme a été conduit jusqu'à ce point-ci par l'instruction dont les choses d'amour sont le but, quand il aura contemplé les belles choses, l'une après l'autre et dans leur ordre exact, celui-là, désormais en marche vers le terme de l'initiation amoureuse, apercevra soudainement (exzaiphnès) une certaine beauté d'une nature merveilleuse » (210 E).

Ce texte nous décrit les deux phases du phénomène de réminiscence : tout d'abord, une anamnèse préparatoire (la contemplation de la beauté des objets sensibles, l'un après l'autre et selon leur ordre exact), ensuite, l'anamnèse plénière, c'est-à-dire la révélation soudaine et intégrale de la Beauté idéale, cette beauté dont « la nature est merveilleuse ». De même que, avons-nous vu, les sciences dianoétiques précèdent et préparent l'exercice dialectique, source de toute sagesse, de même une première réminiscence précède et introduit l'anamnèse de l'Idée. L'allégorie de la caverne en constitue une illustration manifeste. L'homme (symbole du philosophe), après s'être échappé de l'antre, se voit dans l'obligation de se soumettre à une certaine initiation avant de pouvoir considérer le disque solaire face à face. Cette adaptation progressive se révèle indispensable dans la mesure où cet homme, dès qu'il se sera affranchi de la caverne, se trouvera immanquablement aveuglé s'il s'avise de contempler le soleil dans sa splendeur [16]. Ainsi que Socrate nous l'explique, l'intelligence, sitôt libérée des illusions et des pièges du monde sensible, ne pourrait découvrir l'Idée sans souffrir de ce changement — pour le moins radical — de perspectives. Ceci l'inciterait alors, réaction normale, à mettre en doute l'existence de la réalité idéale au profit de l'univers sensible. Afin d'éviter une telle erreur, source de funestes conséquences, l'homme (symbole de l'intelligence) contemple d'abord

« les ombres puis les images des êtres humains et des autres objets reflétés dans les eaux, puis les objets eux-mêmes; élevant ensuite son regard vers la lumière des astres et de la lune, il contemplera durant la nuit les constellations et le firmament lui-même plus facilement qu'il ne ferait pendant le jour le soleil et l'éclat du soleil; à la fin, je pense, ce serait le soleil non dans les eaux, ni ses images reflétées sur quelque autre point mais le soleil lui-même dans son propre séjour qu'il pourra regarder et contempler tel qu'il est » (*République*, 516 AB).

---

[16] F. ZUCKERKANDL (*Le Mythe platonicien de la caverne*, I, in « Synthèse », 126-127, nov.-déc. 1956, p. 67) décrit fort bien l'état où se trouve le prisonnier au moment où il va quitter la caverne : « Par l'image du prisonnier enchaîné, Platon nous fait implicitement comprendre la passivité complète du prisonnier. Celui-ci n'a aucune influence sur la forme et la succession des ombres. Il ne peut que les apercevoir. Toutes les modifications des ombres s'élaborent en dehors de lui et il ne fait que les enregistrer. »
La situation de l'homme dans la caverne nous paraît être une preuve supplémentaire de l'objectivité du monde idéal et de la connaissance. Ainsi que le montre Zuckerkandl, l'être humain n'a aucun pouvoir sur les ombres projetées au fond de l'antre et a fortiori sur les objets qui engendrent de telles ombres; il ne peut que les contempler et s'y soumettre.

De même que l'homme, à peine sorti de la caverne, doit s'accoutumer peu à peu à la réalité et au soleil en observant d'abord leurs ombres et leurs images, de même l'esprit doit s'adapter progressivement à la contemplation du monde idéal en éprouvant diverses réminiscences partielles et successives, en s'initiant, grâce aux disciplines dianoétiques, à l'exercice de la noèsis, c'est-à-dire à l'exercice de la science du pur intelligible. Ce n'est qu'au terme d'une telle initiation, ce n'est qu'au terme d'une telle succession de réminiscences fragmentaires que l'esprit réussira à se détacher de l'univers sensible et à contempler, sans aucun intermédiaire, les réalités idéales, ces réalités que le soleil terrestre symbolise dans la mesure où il « produit les saisons et les années, gouverne l'ensemble du monde visible et apparaît en quelque manière comme la source de toutes ces choses que (le philosophe) et ses compagnons apercevaient dans la caverne » (516 BC) [17].

Assurément, ainsi que nous l'avons reconnu au début de cette étude, l'allégorie de la caverne ne fait point allusion au thème de la réminiscence. Mais nous avons montré, semble-t-il, sans la moindre ambiguïté, qu'elle illustre et décrit une démarche cognitive en tous points semblable à celles du *Banquet* et du *Phèdre* où nous rencontrons le thème de l'anamnèse. Au surplus, la manière dont Socrate, tout au long de cette allégorie et jusque dans ses conclusions philosophiques, nous expose le processus de cognition, implique que celui-ci possède, à ses yeux, un caractère éminemment personnel, ce que le thème de la réminiscence veut justement symboliser.

---

[17] L. ROBIN (*Banquet,* Les Belles Lettres, p. 69, note 2) écrit : La révélation est soudaine tandis que l'initiation est graduelle. » De son côté, V. JANKELEVITCH (*Traité des vertus,* p. 362) affirme : « ... L'alpinisme mystique du *Banquet,* avec sa gradation scalaire, n'est anagogique que par la conversion soudaine qui le termine car si la paidagaugie est successive, la contemplation, finalement, nous ravit toujours soudain; tant il est vrai que l'âme n'est jamais dispensée de cet exzaiphnès, de ce soudain sans lequel l'exphesis pédagogique, c'est-à-dire la continuité, ne saurait aboutir. »

Le maître de Platon ne parle-t-il pas de « l'œil de l'âme » que l'éducation doit orienter vers les réalités idéales ? Cet œil de l'âme dans la mesure où il est un regard, interdit à l'éducateur de considérer l'intelligence à la façon d'une tabula rasa, d'un être passif et neutre à qui il pourrait imposer ce qu'il veut et de la manière dont il le veut. Tout regard est intentionnel aussi bien que sélectif. Il capte ceci et laisse cela, selon une perspective qui lui est propre. Il en résulte que ce texte, conclusion philosophique de l'allégorie, tout en impliquant, ainsi que nous l'avons indiqué plus haut, l'objectivité de la connaissance, révèle aussi le caractère éminemment personnel de l'acte cognitif.

Après avoir brièvement décrit et distingué les deux phases successives et complémentaires du phénomène de réminiscence, nous devons montrer maintenant que l'anamnèse initiale (anamnèse discursive dans la mesure où elle se compose de réminiscences partielles et relatives) ne peut, en tant que telle, mener l'esprit à l'anamnèse plénière, c'est-à-dire à celle qui révèle le monde idéal. Malgré les apparences, le premier stade de ce phénomène cognitif se révèle incapable, réduit à lui-même, d'engendrer la seconde phase de l'anamnèse. Il joue un rôle assurément essentiel mais non exclusif. D'autres facteurs interviennent, entre autres des facteurs moraux. Nous y reviendrons plus tard [18]. Qu'il nous suffise de souligner l'action prépondérante du Bien dans ce passage de la première à la seconde réminiscence.

Aux yeux de Platon, cette Idée, sommet de la hiérarchie intelligible, constitue la source et le fondement de toute connaissance. Le philosophe athénien ne déclare-t-il pas dans la *République* :

> « Ce qui communique la vérité aux objets connaissables et à l'esprit la faculté de connaître, tiens pour assuré que c'est l'Idée du Bien, dis-

[18] Dans le chapitre *Le thème platonicien de la réminiscence et la purification morale*, p. 199.

toi qu'elle est la cause de la science et de la vérité en tant qu'elles sont connues mais quelque belles qu'elles soient toutes deux — cette science et cette vérité — crois que l'Idée du Bien en est distincte et tu ne te tromperas pas » (508 E).

De même que, dans l'allégorie de la caverne, le soleil (symbole du Bien) donnait aux objets visibles la faculté d'être, de croître et de prospérer, « de même, pour les objets connassables, tu avoueras qu'ils tiennent du Bien non seulement la faculté d'être connus mais qu'ils lui doivent par surcroît l'existence et l'essence, quoique le Bien ne soit pas une essence mais quelque chose qui dépasse de loin l'essence en majesté et en puissance » (509).

De même encore, si nous ne connaissons pas cette Idée, « connussions-nous tout ce qui est en dehors d'elle aussi parfaitement qu'il est possible, cela, tu le sais, ne nous servira de rien, de même que, sans la possession du Bien, celle de toute autre chose nous est inutile » (505 AB).

Ces textes sont significatifs. L'esprit n'acquiert la Sagesse qu'en tant qu'il se soumet au Bien, qu'en tant qu'il considère le monde idéal dans la perspective de cette Idée. De même que le soleil terrestre engendre et soutient tout ce qui existe, lui donnant lumière et nourriture, de même, le Bien constitue la source de toute connaissance dans la mesure où il octroie à l'homme la faculté de faire œuvre cognitive et aux Idées la faculté d'être comprises. Il joue ainsi un double rôle : celui d'éclairer l'homme et de l'éveiller à la sagesse, celui de rendre les Idées accessibles à l'esprit. Réduit à lui-même, cet esprit se révélerait incapable du moindre mouvement cognitif, du moindre phénomène de réminiscence. Il ne pourrait en aucune manière atteindre les réalités éternelles. L'univers idéal lui demeurerait radicalement inconnaissable.

Lorsqu'il insiste sur le rôle du Bien, rôle essentiel et trop peu mis en relief par les commentateurs, Socrate ne veut pas seulement exprimer l'idée que toute connaissance se révèle stérile dans la mesure où elle ne se fonde pas sur une éthique personnelle et rigoureuse, dans la mesure où elle ne se couronne pas d'une volonté de faire le bien et de poursuivre un effort de purification morale — cette idée est présente et nous y reviendrons plus loin — mais le maître de Platon se déclare convaincu que le Bien, le sommet de la hiérarchie idéale, « qui dépasse de loin l'essence en force et en majesté » (*République,* 509 B), doit, de par sa transcendance même, intervenir dans tout acte cognitif, dans tout phénomène d'anamnèse. Ceci n'offre rien de paradoxal si l'on admet que toute réalité transcendante demeure radicalement inconnaissable dans la mesure où elle n'établit pas certains liens avec ce dont elle est séparée. Le Bien, appartenant à cette espèce de réalité, de même que toutes les autres Idées, se révélerait inaccessible à la connaissance dans l'hypothèse où une certaine connivence ontologique n'existerait pas entre l'esprit et l'univers idéal. Une telle parenté apparaît cependant, Socrate ne cesse de nous l'affirmer. Nous devons dès lors reconnaître que le Bien constitue la source du phénomène de réminiscence, c'est-à-dire du processus cognitif. En d'autres termes, le rôle que Platon lui octroie apparaît comme une façon différente d'exprimer l'affinité ontologique qui se découvre entre l'âme et l'Idée. En d'autres termes encore, de même que le souvenir du Beau aide l'esprit à découvrir dans le corps de celui qu'il aime le reflet de cette Beauté, de même, le souvenir du Bien l'aide à découvrir peu à peu le monde idéal et lui en révèle l'intelligibilité profonde.

De telle sorte que nous pouvons en conclure que l'anamnèse discursive, cette anamnèse qui consiste en une succession de réminiscences partielles, ne joue qu'un rôle d'adjuvant, certes indispensable, dans l'éclosion de l'anamnèse plénière. Cette première phase du phénomène cognitif ne constitue donc en quelque sorte qu'une occasion pour l'esprit d'éprouver ensuite une réminiscence totale mais elle ne l'engendre pas nécessairement.

Notre étude des rapports de la réminiscence et de la dialectique nous permet de découvrir une preuve supplémentaire de l'objectivité de la connaissance humaine. Si la dialectique est, comme nous l'avons vu, une tentative de rationaliser les intuitions de l'esprit, intuitions dont cet esprit a réminiscence dans la mesure où le processus de cognition apparaît comme une démarche éminemment personnelle, si cette dialectique constitue un effort pour découvrir l'essence intelligible de l'Idée, pour en expliciter tous les aspects, nous pouvons dire que la connaissance qui en résulte est réellement objective. N'atteint-elle pas en effet les réalités idéales, ne les considère-t-elle pas en elles-mêmes, ne tente-t-elle pas de mettre en lumière les structures fondamentales de l'univers intelligible [19] ?

La source de cette connaissance demeure néanmoins profondément subjective. Elle constitue une intuition que l'esprit tente d'expliciter peu à peu, une intuition intime et malaisément exprimable. Elle est, comme nous l'avons dit plus haut, une découverte de la coexistence ontologique de l'âme et des Idées, une découverte des rapports étroits de l'esprit et du monde idéal. L'affinité qui les unit l'un à l'autre constitue pour l'intelligence une voie de pénétration vers les Idées, un moyen de les découvrir et de les comprendre. Cette intuition ne peut cependant rester imprécise, irrationnelle et incommunicable. L'esprit doit l'analyser, la développer, la nuancer et la fonder. Il ne peut y arriver que grâce à l'intermédiaire de la dialectique dont le propre est de rationaliser l'intuition sub-

[19] Sur ces structures fondamentales, nous renvoyons le lecteur à notre article *Une métaphysique de la Relation*, in « Revue de Métaphysique et de Morale », 1966, n° 4, pp. 339-362, repris dans notre livre *Psycho-pédagogie de la lucidité*, pp. 35-73.

jective de l'homme de telle sorte qu'elle lui permette de découvrir les structures de la réalité profonde, structures les plus fines et les plus complexes.

Il reste cependant que cette méthode réflexive ne parvient pas toujours à définir et à préciser rigoureusement tout ce qu'implique cette intuition. Elle se révèle parfois impuissante à pousser plus avant sa tâche d'analyse et de structuration. Certaines intuitions, quoique profondément ressenties, se montrent rebelles à une explicitation complète et satisfaisante. Socrate recourt alors à la méthode mythique qui est assurément moins sûre et relativement irrationnelle mais qui n'en traduit pas moins, aux yeux du maître de Platon, une intuition sincèrement éprouvée. Elle la suggère plus qu'elle ne l'exprime; elle la sous-entend plus qu'elle ne la dévoile. Elle ne satisfait certes point un esprit épris de rigueur mais elle acquiert une signification aux yeux de celui qui, ayant ressenti au plus intime de lui-même une intuition, la reconnaît pour vraie et lui fait confiance : « Le mythe, déclare Socrate, peut nous sauver si nous y ajoutons foi » (*République,* 621 C). L'esprit, profondément persuadé de l'exactitude de son intuition mais incapable de l'expliciter en termes rationnels, recourt au langage allusif et lui accorde créance. Ce langage n'acquiert une signification que pour autant qu'il reçoive l'adhésion d'esprits non prévenus, c'est-à-dire d'esprits ayant eux-mêmes éprouvé une intuition analogue et ne formulant aucune réserve à l'égard d'une méthode apparemment moins rigoureuse que la dialectique mais dont la crédibilité doit être reconnue dans la mesure où elle se fonde, tout comme le raisonnement, sur cette connivence ontologique de l'âme et de l'Idée, qui constitue, ainsi que nous l'avons vu, la source profonde de toute connaissance [20].

---

[20] Une différence, cependant, doit être signalée entre le mythe et l'opinion, non en leur sens profond mais plutôt dans la place que Platon leur attribue au sein de son épistémologie. Remarquons d'abord

Nous pouvons déduire de tout ceci que le phénomène de cognition (symboliquement défini comme une réminiscence dans la mesure où il possède aux yeux du philosophe athénien les caractères d'une démarche éminemment personnelle) est susceptible de se développer selon deux méthodes complémentaires : une méthode rationnelle qui tente de préciser et de structurer l'intuition éprouvée, une méthode mythique qui vise à exprimer par le biais d'un récit ou d'une légende une découverte que l'esprit ne peut rationaliser d'une manière satisfaisante. Ces deux méthodes tendent à expliciter une intuition qui apparaît comme le fruit de l'union ontologique de l'âme et de l'Idée; cette intuition est tantôt rationalisée, tantôt suggérée mais il ne faut pas croire que la première éventualité se révèle supérieure à la seconde car, outre qu'il s'agit dans les deux cas d'une intuition concrètement éprouvée, la méthode réflexive malgré sa rigueur et sa précision et en vertu même de ces qualités déforme et trahit tant soit peu l'intuition première dans la mesure où les raisonnements qui l'expriment, constitués de mots aux significations limitées ou conditionnelles, ne cernent cette intuition que d'une manière imparfaite tout comme font mythes et récits légendaires qui procèdent par suggestions et allusions. Il en résulte que ces deux méthodes, quoique très différentes l'une de l'autre, se révèlent

que l'opinion se situe au début du processus cognitif et n'est digne d'attention qu'au moment où elle s'enchaîne à d'autres tandis que le mythe couronne la dialectique défaillante et suggère la Vérité inaccessible au raisonnement. Remarquons aussi que le disciple de Socrate distingue une opinion vraie et une opinion fausse tandis quil ne parle jamais d'un mythe erroné. Remarquons encore que Platon déclare enchaîner les opinions de telle sorte qu'elles deviennent science (*Ménon,* 98 A), tandis que le mythe témoigne d'une rationalité aléatoire et sujette à caution. Remarquons enfin que l'opinion est purement individuelle tandis que les récits mythiques appartiennent à la communauté tout entière, ils se transmettent de génération en génération et apparaissent comme l'œuvre d'un dieu, d'un héros ou d'un législateur célèbre (*Timée,* 21 D). Ils jouissent ainsi de l'autorité de la tradition et de celle des Anciens « qui valaient mieux que nous ».

identiquement efficaces et inadéquates, l'une déformant peu ou prou l'intuition initiale et l'autre se contentant de la suggérer ou d'y faire allusion.

Il ne saurait d'ailleurs en être autrement puisque la connaissance humaine demeure, aux yeux de Platon, fondamentalement imparfaite dans la mesure où il subsiste un hiatus ontologique entre l'âme et l'Idée dont les composantes diffèrent quelque peu en dépit d'une connivence indéniable de l'une et de l'autre [21].

Pour nous résumer, nous dirons que le thème de la réminiscence constitue une façon symbolique d'exprimer la ma-

---

[21] Ainsi que Platon le déclare dans la *Lettre VII,* la science de l'être se révèle, pour l'esprit, particulièrement difficile à expliciter. L'intelligence doit en effet user de noms « qui ne possèdent aucune fixité » (343 B), la nature n'en assignant point aux objets et cela étant l'affaire de coutumes et de traditions » (*Cratyle,* 384 D). Elle doit ensuite définir ces vocables mais elle retrouve les difficultés précédentes puisque toute définition se constitue de mots (*Lettre VII,* 343 B). Elle doit encore illustrer cette définition grâce aux images ou eidaula. Mais celles-ci, appartenant au monde sensible et soumises aux lois du devenir, diffèrent notablement des réalités intelligibles qu'elles ont mission de représenter, elles en diffèrent autant que le cercle empirique se distingue du cercle en soi qui « est tout autre » (342 C). Il faut enfin que l'âme acquière la science proprement dite, c'est-à-dire qu'elle enchaîne ses opinions exactes. Or, bien que « l'intelligence ait le plus d'affinité et de ressemblance avec l'objet qu'elle vise à connaître » (342 D), la science qu'elle acquiert demeure cependant en elle et se révèle par là-même distincte de l'objet auquel elle s'applique. D'où il résulte que la connaissance de l'être offre de sérieuses difficultés de telle sorte que si l'on manque d'entraînement dans la recherche du vrai, « le premier venu de ceux qui savent réfuter a le dessus et fait que celui qui explique, soit qu'il parle ou écrive ou réponde, donne l'impression à la plupart de ses auditeurs de ne rien savoir de ce qu'il s'efforce d'écrire ou de dire » (343 D). Ce n'est qu'à force de manier noms, définitions et images, montant et descendant péniblement de l'un à l'autre que l'esprit acquiert la science, pourvu qu'il ait de bonnes dispositions et que l'objet étudié possède toutes les qualités requises d'intelligibilité.

nière toute personnelle dont l'esprit éprouve une intuition, fruit de l'activité cognitive, intuition qui peut, tantôt, se rationaliser grâce à la dialectique et, tantôt, se suggérer grâce au mythe.

REMINISCENCE ET MYTHE
PLATONICIENS

Symbolique assurément, le thème de l'anamnèse possède certains caractères qui rendent malaisée la tâche de le définir exactement. Pouvons-nous, comme l'affirment certains [1], lui donner le nom de mythe, l'assimiler à ces récits hautement symboliques que nous rencontrons dans les dialogues platoniciens [2] ? N'est-ce pour le disciple de Socrate qu'une manière d'exprimer une certaine conception épistémologique qu'il ne pourrait ou ne voudrait logiquement expliciter ? Devons-nous, au contraire, attribuer au thème de la réminiscence une signification moins allégorique, devons-nous lui reconnaître les caractères d'une théorie dont quelques éléments seulement relèveraient du mythe, une théorie que Platon tenterait de fonder rationnellement, tout en lui conservant un sens profondément symbolique, moindre cependant que celui qu'il attribue aux mythes de la *République,* du *Phèdre* et d'autres dialogues ?

[1] Notamment, A. VALENSIN, *Regards sur Platon, Descartes, Pascal, Bergson, Blondel,* Paris, 1955, p. 95.
[2] A. Valensin déclare que le thème de la Réminiscence est un mythe et apparaît, comme tel, sans valeur (*op. cit.,* p. 95). De son côté, Couturat (*De platonicis mythis,* Thèse de Paris, 1896), écrit : « concludere licet Platonicos quoque mythos mendaces esse et fallaces » (p. 59).

En un mot, le thème de la réminiscence est-il une théorie
que Platon désire démontrer mais jusqu'à un certain point
seulement ou n'est-il qu'un mythe pur et simple, semblable
à tous les autres ?

En dépit de ce que nous venons de dire (mais il ne faut
pas oublier que la philosophie platonicienne est souvent para-
doxale), le thème de l'anamnèse peut nous apparaître d'abord
comme une conception précise, exposée en termes strictement
rationnels et totalement dépourvue de tout caractère mythique.
La manière dont Socrate nous le présente dans le *Ménon*
indique sans la moindre ambiguïté qu'il le considère comme
un élément essentiel de sa pensée. « Ma croyance (en l'anamnèse), déclare-t-il, exhorte au travail et à la recherche : c'est
parce que j'ai foi en sa vérité que je suis résolu de rechercher ... ce qu'est la vertu » (81 E). Alors que les conceptions
sous-jacentes aux mythes peuvent toujours être mises en doute
(combien de fois Socrate n'avertit-il point ses interlocuteurs :
« Il se peut que vous ne me croyiez pas » ou « Abandonnons
la voie de la certitude rationnelle pour adopter celle de la
fable, chère aux enfants »), le maître de Platon attribue au
thème de la réminiscence une telle importance qu'il entend
l'appuyer d'une preuve expérimentale et par là indéniable :
« Soit, Socrate, mais qu'est-ce qui te fait dire que nous n'ap-
prenons pas mais que ce que nous appelons le savoir est une
réminiscence ? Peux-tu me prouver qu'il en est ainsi ? » (81 E),
il réplique sans hésiter : « Convoque un de tes nombreux
esclaves, celui que tu voudras, afin que par lui, je te montre
ce que tu désires » (82 A). Il demande à son interlocuteur
d'être attentif afin de suivre le déroulement complet de
l'épreuve : « Fais attention : vois s'il a l'air de se souvenir
ou d'apprendre de moi » (82 B). Et plus loin. il réitère sa
demande : « Surveille-moi pour le cas où tu me surprendrais

à lui donner des leçons et des explications au lieu de l'amener par mes questions à dire ses opinions » (84 D). Au moment où l'esclave se trompe. il prend Ménon à témoin de l'objectivité avec laquelle il mène l'interrogatoire : « Tu vois, Ménon, que je ne lui enseigne rien. Sur tout cela, je me borne à l'interroger » (82 E). Enfin, lorsque l'épreuve est terminée, il oblige le maître de l'esclave à reconnaître la valeur probante de sa démonstration : « Que t'en semble, Ménon, a-t-il exprimé une seule opinion qu'il n'ait tirée de lui-même ? — Aucune, il a tout tiré de lui-même » (84 C).

Tout ceci signifie que dans l'esprit de Socrate, la conception épistémologique qu'il propose à son interlocuteur, loin d'être incertaine comme un mythe, possède un caractère suffisamment rationnel pour se démontrer.

Si nous ouvrons un autre dialogue, le *Phédon,* nous remarquons que le thème de la réminiscence y apparaît aussi comme une théorie expérimentalement démontrable : un des interlocuteurs de Socrate, Cébès, l'expose ainsi :

« En vérité, Socrate, c'est précisément aussi le sens de ce fameux argument ... dont tu as l'habitude de parler. Notre instruction n'est justement rien d'autre qu'un ressouvenir et ainsi, c'est sans doute une nécessité que, dans un temps antérieur, nous nous soyons instruits de ce dont à présent, nous nous souvenons ... Il existe vraiment une preuve, entre toutes, magnifique : on interroge un homme; si l'interrogatoire est bien mené, de lui-même, il énonce tout comme cela est réellement. Et pourtant, s'il ne s'en trouvait en lui une connaissance et un droit jugement, il serait incapable de le faire » (72 E - 73 A).

Plus loin, nous voyons Socrate entreprendre une démonstration dialectique du thème de l'anamnèse basée, cette fois, sur certains arguments d'ordre rationnel et non plus expérimental : nous reconnaissons, déclare-t-il, que l'égalité sensible (celle, par exemple, de deux pierres ou de deux bouts de bois) se révèle toujours imparfaite et se distingue par conséquent de l'Egal, idée dont notre esprit fait usage. Cela veut dire que nous jouissons d'une connaissance abstraite de l'Egal avant de le déceler au sein du monde sensible. Dans l'hypothèse contraire, en effet, l'imperfection de l'égalité matérielle nous empêcherait de découvrir la dite égalité. Dès lors, nous devons connaître l'Egal en soi préalablement à toute expérience sensible, nous devons l'avoir contemplé en un temps antérieur à notre incarnation. La vision des égalités concrètes nous « rappelle » alors cet Egal en soi.

Si nous voulons une autre preuve du caractère rationnel du thème de l'anamnèse, souvenons-nous de ce que Socrate déclare dans le *Ménon* :

> « Hélas, les opinions ne consentent pas à rester longtemps et s'échappent bientôt de notre âme de telle sorte qu'elles sont de peu de valeur tant qu'on ne les a pas enchaînées par un raisonnement de causalité. Or c'est là, mon cher Ménon, ce que nous avons précédemment reconnu être une réminiscence » (97 E - 98 A).

Et dans le *Phèdre* :

> « Une telle intelligence d'homme doit s'exercer selon ce qu'on appelle Idée en allant d'une multiplicité de sensations vers une unité dont l'assemblage est acte de réflexion. Or cet acte consiste en un ressouvenir des objets que jadis notre âme a vus, lorsqu'elle s'associait à la promenade d'un dieu » (249 BC).

Ces deux textes nous présentent le phénomène d'anamnèse comme un enchaînement logique, comme un ensemble rationnellement structuré d'opinions vraies. Le processus de réminiscence est ainsi défini d'une manière très précise, ce qui lui donne tous les caractères d'une conception philosophique, dépourvue de toute obscurité et de tout à peu près, signes du langage mythique.

Il ne peut donc être considéré comme un mythe semblable à ceux du *Phèdre,* de la *République* et d'autres dialogues, et cela, même si l'on ne peut lui refuser, ainsi que nous l'avons vu, une signification réellement symbolique [3]. Pour mieux nous en convaincre, examinons brièvement la manière dont Platon nous présente ses mythes; dans le *Gorgias* :

« Ecoute, donc, comme on dit, une belle histoire que tu prendras peut-être pour un conte mais que je tiens pour une histoire vraie : et c'est comme véritables que je te donne les choses dont je vais te parler » (523 A).

C'est ainsi que Socrate introduit le mythe des Enfers qui lui permettra d'exposer l'idée qu'il se fait de l'au-delà et du sort réservé aux hommes. Il déclare que ceux-ci seront jugés impartialement : les âmes qui auront bien vécu recevront une récompense, tandis que les méchantes seront durement châtiées. Socrate n'entend pas — et ne peut d'ailleurs — donner une preuve rationnellement fondée de cette conception. Il ne peut l'établir sur des bases rigoureuses, elle n'est qu'une hypothèse invérifiable. C'est pourquoi il nous la présente comme une belle histoire — à ses yeux véridique — mais que son interlocuteur pourra mettre en doute et dont peut-être il sourira. Son attitude est ainsi très différente de celle qu'il adopte dans le *Ménon* au sujet du thème de la réminiscence. Dans ce dernier dialogue, il ne raconte pas une belle histoire que ses interlocuteurs auraient motif à ne point prendre au sérieux; pour que Ménon ne puisse rejeter ses conceptions épistémologiques, Socrate entend fonder le thème de l'anamnèse de telle sorte qu'il s'impose à tout esprit.

Dans le *Politique,* le philosophe athénien adopte une attitude semblable à celle du *Gorgias*. Il recourt au mythe au moment où la méthode dialectique se révèle impuissante à poursuivre la recherche de la vérité. Platon, par la bouche de l'Etranger, déclare :

---

[3] Nous renvoyons sur ce sujet nos lecteurs à notre chapitre *Le thème de la réminiscence dans les dialogues de Platon,* p. 5.

« Il nous faut donc reprendre la question d'un autre point et suivre une voie nouvelle... Nous verserons dans ce débat quelque chose qui tient du jeu car il faudra y mêler de larges portions d'une vaste légende; après quoi, nous reprendrons jusqu'à la fin notre marche précédente, allant sans cesse de division en subdivision, jusqu'à ce que nous parvenions à la pointe même de notre sujet. N'est-ce pas là la méthode qui s'impose ? — Absolument. — Eh bien, prête à ma fable une attention extrême comme font les enfants... » (268 E).

Puisque la méthode traditionnelle, celle de la dialectique, rencontre quelque obstacle, puisqu'elle ne peut poursuivre la recherche, Platon se voit contraint d'emprunter une voie nouvelle qui n'est point celle du raisonnement, qui n'offre point les mêmes garanties d'intelligibilité mais qui constitue la seule issue possible si l'on veut approfondir les découvertes, toujours limitées, de la raison dialectique. Cette voie nouvelle est celle de la fable; celle-ci ne peut imposer à l'intelligence les conceptions qu'elle illustre ou suggère mais elle se fonde sur la crédulité et n'est vraie qu'aux yeux de ceux qui l'admettent, transformant ce qu'elle a d'hypothétique en certitude intime. Les découvertes d'une semblable méthode n'ont rien de rationnel, elles peuvent toujours être mises en doute par les sceptiques, par ceux qui ne s'inclinent que devant la rigueur d'une démonstration.

Ces exemples, empruntés au *Gorgias* et au *Politique*, suffiront, ce nous semble, à illustrer la façon dont le philosophe athénien présente ses mythes. Ils nous aideront à mieux comprendre ce qui distingue le thème de la réminiscence des légendes introduites au sein du processus dialectique. D'un côté, nous voyons une conception précise et rigoureusement fondée (encore qu'elle ait une signification symbolique indéniable), de l'autre, un ensemble de récits que Platon estime vrais mais qu'il se contente de proposer à ses interlocuteurs en reconnaissant leur caractère hypothétique — aveu qu'il se garde de faire au sujet du thème de la réminiscence. Nous pouvons en conclure que le philosophe athénien ne considère nullement ce thème comme un mythe analogue à ceux du *Gorgias,* du *Politique* et d'autres dialogues. Cela ne veut pas dire — répétons-le encore — qu'il faut le prendre au pied de la lettre et reconnaître le caractère réellement mnémique du processus cognitif : si le thème de la réminiscence n'est point un mythe de la commune espèce, si le philosophe athénien entreprend de nous en donner une démonstration rigoureuse — d'ordre expérimental et dialectique — il n'en reste pas moins qu'il possède une signification réellement symbolique. De nombreux indices (nous les avons relevés et brièvement analysés dans nos chapitres précédents) nous le montrent sans la moindre ambiguïté. Si l'on en veut une nouvelle preuve, personne ne contestera que certaines descriptions de la vie de l'âme antérieurement à son incarnation appartiennent au langage mythique et ne peuvent nullement être prises au pied de la lettre; Platon le reconnaît lui-même lorsqu'il avoue dans le *Phèdre* :

> « ... Pour ce qui est de la nature (de l'âme), voici ce qu'il faut en dire : la caractériser, c'est l'affaire d'une exposition entièrement, absolument divine et fort étendue; mais en donner une image, l'affaire d'un exposé humain et de moindres proportions; en conséquence, c'est ainsi que nous devons parler » (246 A).

Et plus loin :

> « ... Cette image donc, est celle de je ne sais quelle force active naturelle qui unit un attelage et un cocher, soutenus par des ailes ... Pour nous, c'est, premièrement, d'un attelage apparié que le conducteur est cocher; ensuite, des deux chevaux, l'attelage en a un qui est beau, bon et formé de tels éléments tandis que la composition de l'autre est contraire, et contraire sa nature. Il s'ensuit que dans notre cas, c'est nécessairement un métier difficile et ingrat que celui de cocher » (*Phèdre,* 246 B).

Aux yeux de Platon, seule un image peut nous suggérer ce qu'est la nature de l'âme; l'esprit se révèle incapable d'en élaborer une définition purement intelligible. Il en résulte que l'âme ne participe point réellement à la promenade céleste qui lui découvre les Idées : cette promenade n'est qu'un symbole et constitue aux yeux du philosophe athénien une manière d'exprimer l'union intime de l'intelligence et du monde idéal sans que le disciple de Socrate ait à préciser la nature et les conditions de cette union. Nous ne voulons d'ailleurs nullement soutenir que Platon ne croit plus à la métempsycose ni aux traditions philosophico-religieuses de l'époque antérieure à la sienne et dont il est l'héritier [4], mais il donne à ces traditions un sens nouveau qui vient en quelque sorte s'ajouter aux significations anciennes et qui est d'ordre symbolique : ces doctrines archaïques deviennent l'expression imagée d'un ensemble de conceptions philosophiques que Platon ne veut ou ne peut totalement rationaliser.

Un autre indice du caractère mythique du thème de l'anamnèse nous est donné au dixième livre de la *République*. Nous l'avons vu, précédemment, que le phénomène de réminiscence impliquait un oubli des Idées au moment où l'âme s'incarnait. Or le philosophe athénien déclare que l'âme humaine, avant de revenir sur terre, campe au bord du fleuve Ameles dont elle boit l'eau, source d'oubli : « Le soir venu, elles (les âmes) s'installent le long de l'Ameles, dont aucun vase ne peut garder l'eau; chaque âme est obligée de boire une certaine quantité de cette eau; celles qui ne sont pas retenues par la prudence en boivent outre mesure. Dès qu'on en a bu, on oublie tout » (621 A). Point n'est besoin d'argumenter longtemps : Platon, de toute évidence, ne veut point nous faire croire que l'âme ingurgite réellement l'eau de l'Ameles. Il ne fait au contraire que prolonger ici les images qu'il utilisait déjà dans le *Phèdre* et que nous venons de relever.

Que conclure de tout ceci ? Le thème de la Réminiscence possède de tels caractères et se présente sous de telles formes

---

[4] Sur cet aspect de la philosophie platonicienne, nous renvoyons nos lecteurs à notre chapitre *Les Rapports de Platon et de la philosophie présocratique*, p. 77.

que nous devons le ranger parmi les mythes qui jalonnent les dialogues platoniciens. Mais il importe de corriger aussitôt cette conclusion en ce qu'elle a d'excessif. Si ce thème se révèle indéniablement mythique, il n'en reste pas moins qu'il se distingue tout aussi nettement des légendes que Platon nous propose : dans le *Ménon,* le *Phèdre* et d'autres dialogues, il nous apparaît comme une conception épistémologique que le philosophe athénien entreprend de fonder rationnellement. De telle sorte qu'il acquiert une signification ambivalente et occupe une place à part dans la philosophie platonicienne : le thème de l'anamnèse possède certains caractères qui l'apparentent simultanément aux mythes et aux conceptions rigoureusement explicitées : il relève des uns et des autres et nous apparaît comme une théorie épistémologique que Platon a voulu, mais jusqu'à un certain point seulement, rationaliser.

Ceci dit, une question se pose : pourquoi le philosophe athénien a-t-il recours au mythe ? Croit-il pouvoir résoudre ainsi certains problèmes difficiles que le raisonnement dialectique n'a pu que laisser en suspens, se révélant incapable d'élaborer une solution satisfaisante ? Nous ne pouvons répondre à ces questions qu'en abordant l'étude du rôle et de la signification du mythe platonicien, étude indispensable dans la mesure où le thème de la réminiscence relève — du moins partiellement — du langage mythique.

Pas plus que sur le reste de la pensée platonicienne, les commentateurs n'arrivent à se mettre d'accord sur le rôle et le sens qu'il convient d'attribuer au langage mythique tel que Platon l'utilise.

Certains affirment que le mythe ne possède aucune signification proprement philosophique, il n'exprime ni ne suggère une conception susceptible d'être soumise au crible de la raison. Dépourvu de toute armature logique, il ne peut, selon ces commentateurs, développer de façon médiate ou immédiate, claire ou allusive, une doctrine rigoureuse. Son domaine est celui de l'irrationnel, sa source est celle de l'intuition fondamentalement invérifiable. En conséquence, « partout où le caprice de Platon s'est joué (*sic*) à quelque vision poétique, nous sommes avertis que ce n'est là qu'un jeu et on doit écarter de sa philosophie, si on veut la saisir en elle-même, tout ce qui n'est pas sévèrement démontré et rigoureusement établi » [5].

Mais d'autres commentateurs ne peuvent admettre une telle conception. Ils remarquent que cette interprétation ne se fonde pas sur une étude objective du mythe platonicien mais sur une définition en quelque sorte a priori de ce mythe, définition fondée sur un rationalisme rigoureux — fort respectable assurément mais peut-être un peu trop étroit. Les commentateurs dont nous parlons maintenant n'ignorent pas en effet, comme l'écrit excellemment V. Brochard, que « Platon s'est complu dans la fiction... Il semble que ce soit surtout sur les questions essentielles, celles de Dieu, de l'âme. de la vie future, que le philosophe ait pris plaisir à présenter sa pensée sous la forme la plus opposée à sa méthode ordinaire qui est la dialectique » [6]. N'accorder aucun crédit aux mythes platoniciens, leur refuser toute signification, équivaut à considérer comme infraphilosophique une grande part de la pensée de Platon, à dédaigner de nombreux textes qui traitent de problèmes essentiels, ceux que le philosophe athénien a scrutés

[5] V. BROCHARD (*Etudes de philosophie ancienne et moderne,* Paris, 1926, p. 48) résume parfaitement l'argumentation de ces commentateurs (tel COUTURAT, *op. cit.,* p. 59) tout en ne partageant point leur opinion.

[6] V. BROCHARD, *op. cit.,* p. 46.

avec la plus grande attention. C'est, en un mot, amputer la pensée platonicienne de ses richesses les plus authentiques, c'est la transformer en une mosaïque informe et particulièrement étriquée de conceptions hétérogènes, c'est enfin détruire ce qui l'unifie profondément, c'est méconnaître son principe inspirateur, source et clef de voûte de la doctrine tout entière. Comme l'écrit encore Brochard, « la théorie des Idées et peut-être aussi celle des Idées-Nombres sont seules à trouver grâce... Mais comment croire que Platon s'en soit tenu là et qu'il se soit borné à poser les principes sans chercher à en déduire les conséquences et les applications, qu'il ait renoncé à expliquer le monde, l'âme et Dieu » [7].

Brochard résume très bien le premier argument que l'on peut opposer à ceux qui refusent au mythe platonicien toute signification réellement philosophique. Il croit pour le moins audacieux de sacrifier le cœur même de la philosophie platonicienne, de sacrifier, entre autres, les mythes concernant l'immortalité de l'âme, la métempsycose, la création du monde, le jugement des âmes, sous prétexte qu'ils n'ont rien de rigoureusement philosophique et qu'ils ne sont que les fruits de l'imagination platonicienne. Se rallier à une telle interprétation reviendrait à supprimer ce qui constitue peut-être le meilleur de la pensée du disciple socratique; il n'en resterait qu'un squelette tronqué, dépourvu de réelle signification et le « divin Platon » dont l'influence, à travers les siècles, fut et demeure si considérable, deviendrait totalement incompréhensible.

Cet argument que le bon sens inspire, ne nous apprend rien sur la manière dont Platon conçoit le mythe mais il nous porte à croire que le philosophe athénien ne le considère pas comme un ornement poétique. Il nous montre que le disciple de Socrate, en traitant certains problèmes essentiels

[7] V. BROCHARD, *op. cit.*, p. 49.

sous une forme mythique, reconnaît à ce mode d'expression un rôle indéniable. Le penseur athénien n'utiliserait point ce langage s'il le jugeait impuissant à nous suggérer la vérité.

L'étude interne de quelques mythes nous aidera dans notre tentative de découvrir la signification profonde d'une telle méthode.

Si l'on examine les récits mythiques, entre autres ceux du *Gorgias,* du *Politique* ou de la *République,* l'on s'aperçoit aussitôt que Platon ne les a pas écrits pour rehausser ses dialogues d'une poésie brillante et facile. On est au contraire vivement frappé du ton grave et presque religieux dont le philosophe athénien se sert naturellement lorsqu'il aborde un problème essentiel, par exemple celui de l'immortalité de l'âme [8]. Si l'on veut une preuve, que l'on scrute l'attitude de Socrate dans le *Gorgias* : tout, dans ses paroles, dénote qu'il attache une grande importance aux conceptions métaphysiques et religieuse que le mythe des Enfers implique. Il ne les considère point comme de belles métaphores dépourvues de signification, il en tire au contraire certaines conclusions qu'il érige en principes philosophiques propres à le gouverner dans sa conduite; ne déclare-t-il pas : « Ecoute, comme on dit, une belle histoire que tu prendras peut-être pour un conte mais que je tiens pour une histoire vraie et c'est comme véritables que je te donne les choses dont je vais te parler » (523 A).

---

[8] Comme l'écrit BROCHARD (*op. cit.,* p. 49), la pensée platonicienne est sans doute « un peu incertaine et flottante, et il est facile de signaler, d'un dialogue à l'autre, de nombreuses et importantes différences de détail (dans les mythes). Mais il semble aussi impossible de contester qu'ils ont tous une même tendance et qu'ils expriment tous une même pensée fondamentale que Platon a pu sans doute présenter sous les formes les plus variées mais qui, pour ce qu'elle a d'essentiel, n'a pas changé et lui tient fort à cœur ». Si les mythes, en dépit d'une grande diversité, expriment une intuition qui ne s'est guère fondamentalement modifiée tout au long des dialogues, il en découle que Platon leur accorde une signification philosophique à ses yeux fort importante.

Socrate reconnaît assurément le caractère légendaire de ce qu'il va raconter : on pourra, avoue-t-il, ne point le croire et prendre son récit pour un conte de bonne femme, il estime toutefois que ces légendes ne sont point totalement dépourvues de sens et qu'elles doivent en conséquence retenir notre attention. C'est pourquoi il s'attache à nous les exposer avec une gravité tout empreinte de respect.

Ces légendes constituent le mythe des Enfers. Elles nous apprennent que les âmes, sitôt séparées de leurs enveloppes charnelles, se rendent aux Enfers afin d'y être jugées. Si elles ont mal agi du temps où elles vivaient sur terre, on les emprisonne; elles endurent de terribles châtiments. Si elles se révèlent au contraire aussi pures que droites, ayant toujours ici-bas pratiqué la vertu et cultivé la sagesse, le Juge souverain les envoie goûter le repos aux Iles fortunées, séjour de félicité.

Socrate, on l'a vu, croit en la vérité de cette histoire. Ne déclare-t-il pas en effet : « Pour moi, Calliclès, j'ajoute foi à ces récits » (526 D). C'est pourquoi il s'efforce de vivre en toute pureté de mœurs et invite ses concitoyens à faire de même : « Je m'applique, dit-il, à présenter au Juge une âme aussi saine que possible... J'exhorte tous les autres hommes à se rendre aussi parfaits qu'ils le peuvent... » (526 DE).

Ce mythe, dont Socrate tire de tels principes d'action morale, ne contient aucun argument en faveur de l'existence d'un jugement de l'âme après la mort, il ne démontre ni ne prouve quoi que ce soit en cette matière; le maître de Platon le considère cependant avec l'attention qu'il accorde d'ordinaire au syllogisme le plus contraignant, il en tire certains principes inspirateurs de sa vie morale et il exhorte ses interlocuteurs à l'imiter.

Devant une semblable attitude, deux questions viennent à l'esprit : pourquoi Socrate recourt-il au langage mythique lorsqu'il traite ces problèmes ? Et quelle valeur lui attribue-t-il ?

Le maître de Platon utilise le mythe parce qu'il a compris que les questions relatives à l'immortalité de l'âme et à sa destinée ne peuvent guère se poser (et encore moins se résoudre) en termes exclusivement rationnels. Seules, en ce domaine, certaines hypothèses peuvent être avancées, toujours partielles autant qu'aléatoires, dépourvues de rigueur et de précision. C'est pourquoi, devant une telle incertitude, Socrate adopte une nouvelle méthode d'investigation qui n'offre certes pas les garanties du raisonnement mais qui a le mérite de ne pas laisser l'homme devant un point d'interrogation, cette méthode cognitive engendre un ensemble d'opinions susceptibles d'aider l'être humain à vivre, opinions dont la vérité est incertaine, peut-être inexistante, mais qui n'en possèdent pas moins une valeur profonde aux yeux de ceux qui les ont élaborées.

Lorsqu'il recourt au mythe, Socrate n'exprime évidemment qu'une conviction personnelle, celle-ci l'aide à vivre mais elle n'est, sur le plan de la vérité objective, que vraisemblable [9]. Une semblable attitude (que d'aucuns, par souci de rationalisme, pourraient rejeter) ne semble cependant point illégitime : que peut faire l'homme en effet, sinon accepter ou refuser ce qui est objectivement invérifiable ou indémontrable [10] ? Le recours au mythe constitue un processus cognitif

----

[9] J.S. STEWARD (*The myth of Plato,* London, 1905, pp. 42-75) considère le mythe comme un exposé de questions transcendant les méthodes purement scientifiques de la connaissance.

[10] Devant certaines conceptions qui n'ont qu'un caractère de vraisemblance, donc d'incertitude, l'esprit se trouve devant une alternative : ou il les considère comme vraies par un acte de foi délibéré dont la source est une motivation éminemment personnelle, ou il les rejette par un mouvement de l'esprit tout aussi subjectif. Il est possible que l'âme soit immortelle, il est possible qu'elle ne le soit pas. On ne peut, estime Platon, avoir en ce domaine de certitude démonstrative : l'admettre, c'est un beau risque à courir (kalos kindunos...). Nos méthodes traditionnelles d'investigation se révèlent impuissantes à nous éclairer davantage. Mais il existe certains arguments — quoique sujets à caution — en faveur de l'immortalité : il est donc permis d'y croire, comme Socrate, sans faire preuve d'une crédulité excessive.

original sans aucune similitude avec la méthode traditionnelle — celle de la dialectique — basée sur une activité de l'intellect. Ce processus engendre une conviction personnelle, aussi intime qu'absolue, et par là ressemble à un acte de foi. Ceci est si vrai que dans un autre dialogue, au dixième livre de la *République*, Socrate déclare à ses interlocuteurs que s'ils admettent le mythe d'Er le Pamphylien, que s'ils s'efforcent de pratiquer la sagesse en considérant comme exactes toutes les conceptions métaphysiques qu'il suggère, le mythe lui-même les sauvera (621 C). Il reconnaît donc qu'en pareille matière, la foi, librement donnée, supplée à la certitude, fruit d'un raisonnement rigoureux, et qu'elle possède une force telle qu'elle peut assurer le salut de ceux qui l'ont au cœur. Notons en outre — et ce point est essentiel — que Socrate ne se range nullement parmi ceux que nous pourrions nommer les fidéistes c'est-à-dire ceux qui admettent sans le moindre examen critique les conceptions les plus hasardeuses et qui ne se préoccupent point de fonder rationnellement leurs opinions ou leurs croyances. Socrate ne réduit jamais son esprit au silence; il ne se laisse jamais entraîner sur le chemin d'un irrationalisme outré. Il n'admet point ce qui lui paraît absurde ou n'est susceptible d'aucune intelligibilité, si minime soit-elle. Il n'accorde sa foi qu'à ce qui est vraisemblable, c'est-à-dire possède, aux yeux de l'esprit, une chance d'être vrai ou jouit d'un début de preuve objective; ne déclare-t-il pas dans *Gorgias* :

« Tu considères peut-être, Calliclès, ces perspectives comme des contes de bonne femme qui ne méritent que ton mépris; et peut-être en effet aurions-nous le droit de les mépriser si nos recherches nous avaient fait trouver quelque conclusion meilleure et plus certaine. Mais tu peux voir qu'à vous trois qui êtes les plus savants des Grecs d'aujourd'hui, Gorgias, Polos et toi-même, vous êtes hors d'état de démontrer qu'aucun genre de vie soit préférable à celui-là qui a en outre l'avantage évident de nous être utile chez les morts. Loin de là, nos longues discussions, après avoir renversé toutes les théories, laissent intacte uniquement celle-ci : qu'il faut éviter avec plus de soin de commettre l'injustice que de la subir et que chacun doit s'appliquer par-dessus tout à être bon plutôt qu'à le paraître... » (527 AB).

Socrate reconnaît pour la seconde fois que le mythe des Enfers peut être considéré comme un conte de bonne femme mais il ajoute aussitôt que ce n'est point là une attitude raisonnable puisque ses trois interlocuteurs, les meilleures têtes de la Grèce, n'ont pu découvrir une solution — rationnellement exprimable — supérieure à celle du mythe, puisqu'ils n'ont pu découvrir en cette légende quelque aspect totalement invraisemblable ou inintelligible. Au contraire, le récit mythique, en invitant l'homme à bien vivre sur terre afin d'éviter les châtiments de l'au-delà, exerce sur les mœurs une heureuse influence. Lui seul demeure intact après de longues discussions, lui seul témoigne de cette vraisemblance dont Socrate, faute de mieux, se satisfait, vraisemblance que l'on pourrait définir comme étant le caractère essentiel de l'idée ou de l'opinion dont on a démontré qu'elle n'est point totalement fausse sans réussir toutefois à prouver qu'elle est totalement vraie, caractère intermédiaire entre le pur incontrôlable et le rationnel le plus rigoureux.

Un autre dialogue, le *Politique*, nous aidera à mieux comprendre encore le rôle et la nature du mythe platonicien. Comme son nom l'indique, ce dialogue a pour but de rechercher ce qu'est l'homme politique. Deux interlocuteurs entreprennent sur ce sujet une longue discussion et en arrivent à vouloir vérifier l'exactitude de leur définition (le politicien est un pasteur d'âmes). Ils s'aperçoivent qu'ils ne peuvent le faire d'une manière rigoureuse. S'ils persistent dans leur projet, une méthode nouvelle, autre que la dialectique, s'impose. L'un des interlocuteurs en prend conscience et déclare :

« Il nous faut prendre la question d'un autre point de vue et suivre une voie nouvelle... Nous verserons dans ce débat quelque chose qui tient du jeu, car il faudra y mêler de vastes portions d'une légende; après quoi, nous reprendrons jusqu'à la fin notre marche précédente,

allant sans cesse de division en subdivision jusqu'à ce que nous parvenions à la pointe même de notre sujet » (268 D).

Ce texte est significatif. Ne pouvant poursuivre leurs investigations selon la méthode traditionnelle — celle du raisonnement dialectique — l'Etranger et son interlocuteur, Socrate
le jeune, décident de recourir au mythe. Ils estiment qu'il peut
leur dévoiler la vérité et lui font donc prendre le relais de
la dialectique. Certes, ils ne lui reconnaissent point une valeur
égale à celle du raisonnement qui conserve toute leur faveur
(ne se promettent-ils pas d'y revenir par la suite ?), mais ils
pensent pouvoir en retirer d'utiles enseignements. Socrate le
jeune en fait l'aveu au moment où l'Etranger commence
l'exposition du mythe : « Il y a un air de vraisemblance,
déclare-t-il, en tout ce que tu viens de dire » (270 B). Ceci
corrobore ce que nous apprenait le *Gorgias* : les conceptions
que le langage mythique nous suggère possèdent un caractère
vraisemblable qui satisfait — du moins en partie — l'esprit
de l'homme.

Mais le *Politique* ne se contente pas de confirmer l'enseignement du *Gorgias*. Il nous apprend aussi que le mythe
peut être la source d'une renaissance de la dialectique. Celle-ci
y trouve un fond suffisamment solide et des prémisses suffisamment certaines pour reprendre son cours avec succès :
« Raisonnons donc, déclare l'Etranger, et, nous aidant de ce
que nous venons de dire (dans le mythe), voyons quel est
ce phénomène qui, d'après nous, fut cause de tant de pro-
diges » (270 B). Et plus loin, il ajoute : « ... Tirons profit
(de notre fable) pour mesurer la faute que nous avons commise en définissant l'homme royal et l'homme politique dans
notre discours précédent » (274 E). Rappelons en outre ce
qu'il déclare en présentant son mythe : « Nous verserons dans
ce débat quelque chose qui tient du jeu ..., après quoi, nous
reprendrons jusqu'à la fin notre marche précédente, allant
de division en subdivision... » (268 D).

La dialectique, avec tout ce qu'une telle méthode implique — rigueur, cohérence et clarté démonstrative — se fonde sur les conclusions du mythe pour reprendre son cours. Bien plus, l'Etranger reconnaît que ce qu'ils avaient élaboré grâce au raisonnement, se révèle inexact quand on le confronte avec les leçons de la fable; cela veut dire que l'interlocuteur du jeune Socrate attribue au mythe une valeur philosophique égale, dans certaines circonstances, à celle de la dialectique.

Si nous voulons nous résumer, nous dirons d'abord que les conceptions que le mythe platonicien nous suggère possèdent un caractère de vraisemblance — la raison ne peut en dévoiler l'inexactitude tout en demeurant impuissante à en démontrer la vérité. Ceux qui les acceptent les érigent en principes inspirateurs d'action et les considèrent comme les prémisses d'un raisonnement rigoureux. Elles constituent l'un des fruits, si l'on ose dire, légitimes du processus cognitif.

Tout ceci se précisera davantage si nous abordons l'étude du *Timée*.

Ce dialogue possède un aspect mythique incontestable; les preuves en foisonnent; nous n'en citerons que quelques-unes : faut-il souligner le caractère légendaire du récit de Solon qui vise à démontrer l'antiquité d'Athènes et l'existence de l'Atlantide ? Certes, Platon multiplie les assurances d'authenticité historique : Critias, le narrateur, ne déclare-t-il pas : « Ecoute donc, Socrate, une histoire très singulière mais absolument vraie, à ce que dit une fois Solon, le plus sage des sept sages. » Afin de fortifier la confiance de ses interlocuteurs, Critias s'étend, avec force détails, sur la manière dont lui est parvenu le récit de Solon : il insiste d'abord sur les liens de parenté qui l'unissent au sage :

« Il était, dit-il, tout ensemble parent de Dropidès, mon arrière-grand-père, et fort son ami, comme il le dit lui-même à plusieurs reprises dans ses vers. Il raconta donc à Critias, mon aïeul, comme ce dernier dans sa vieillesse aimait à s'en souvenir devant moi, que de grands et merveilleux exploits accomplis par cette cité-ci étaient tombés dans l'oubli par l'effet du temps et de la mort des hommes » (20 E).

Critias narre ensuite comment il connut l'histoire :

« Critias (mon aïeul) était alors, à ce qu'il disait, près de ses quatre-vingt-dix ans, et moi, j'en avais tout au plus dix. Nous nous trouvions le jour de Coureatis, pendant les Apatouries. On débita force poèmes de force poètes et comme en ce temps-là les poésies de Solon étaient encore en leur nouveauté, beaucoup parmi nous en chantèrent... Le vieillard, je m'en souviens, fut ravi et, tout souriant, déclara : " ... Si Solon n'avait pas considéré l'activité poétique comme un passe-temps, s'il se fût appliqué comme d'autres et s'il eût achevé le récit qu'il avait apporté d'Egypte, ... à mon avis, ni Hésiode, ni Homère, ni aucun autre poète ne fût jamais devenu plus célèbre que lui. " Et quel est ce récit, dit Aminandre ? ... Redites-le nous depuis le début... » (21 D).

Critias précise enfin que sa mémoire garde fidèlement ce que son aïeul lui raconta alors :

« J'avais tant de plaisir, nous confie-t-il, tant de joie enfantine à l'entendre et le vieillard m'instruisait de si bon cœur que je ne cessais de l'interroger, que cette histoire est demeurée en moi, comme si elle était peinte à la cire, en caractères ineffaçables » (26 C).

Mais ce n'est pas tout. Afin de souligner davantage encore ce que le récit a d'historique, Critias insiste sur les rapports étroits qui unissaient les Grecs aux Egyptiens, sources de Solon :

« Il y a en Egypte, dans le Delta, un certain homme que l'on appelle saïtique ... Or ces gens-là sont très amis des Athéniens et ils affirment être comme leurs parents... » (21 E). « Ces Egyptiens connaissent parfaitement l'histoire et les coutumes de l'ancienne Athènes... » (21 E).

Ces précisions sont telles, elles révèlent un tel souci d'exactitude que beaucoup de commentateurs, à commencer par les disciples de Platon, ont cru à l'historicité de ce récit.

Il ne faut point cependant s'en laisser conter. Les multiples arguments que Critias avance en faveur de ses propos constituent une preuve que, de son temps même, l'on devait émettre certains doutes sur l'objectivité de son histoire. Au surplus, les commentateurs qui se sont penchés sur la question n'ont pu trouver un terrain d'entente et les nombreuses hypothèses, toutes contradictoires, qu'ils ont émises, nous incitent à penser avec Albert Rivaud [11] que ce problème est impossible à résoudre. Ces hypothèses se fondent sur des prémisses hasardeuses et aboutissent à des conclusions d'autant plus précaires. Sources et documents font défaut : nul, avant Platon, n'a parlé de l'antique civilisation athénienne ni de la lutte qui aurait opposé la cité grecque aux habitants de l'Atlantide [12]. Nous pouvons donc croire avec Albert Rivaud que Platon a inventé de toutes pièces l'histoire de ce continent ou — si l'on veut se montrer moins catégorique — qu'il a bâti cette légende sur des données historiques considérablement altérées; ce faisant, nous suivrions l'avis de Posidonius [13]. Dans cette dernière hypothèse, il s'agirait d'une narration telle que les Anciens avaient coutume d'en faire : ils construisaient, sur un fond authentiquement historique, un récit légendaire à tendance souvent moralisatrice, récit dont les éléments perdaient leur signification première pour en acquérir une autre plus conforme aux soucis et aux aspirations de ces mythologues, héritiers de la tradition primitive.

Le récit de Solon n'est cependant point le seul indice qui donne une couleur mythique au dialogue. D'autres aspects du *Timée* y contribuent.

Qui ne voit que le cratère où s'effectue le mélange en vue de la création du monde est un objet purement symbolique ? En nous présentant cette coupe, véritable alambic où le

[11] A. RIVAUD, *Notice au Timée,* Les Belles Lettres, p. 29.
[12] A. RIVAUD, *op. cit.,* p. 31.
[13] Cité par A. RIVAUD, *op. cit.,* p. 28.

Démiurge établit un savant dosage d'essences immortelles et divines, le philosophe athénien « a-t-il voulu autre chose que nous donner une certaine impression des choses sous l'action des Formes ? » [14]. Non, de toute évidence. Platon ne pouvait résoudre ce problème en appliquant une méthode purement rationnelle, il ne pouvait élaborer une théorie précise, fondée sur un ensemble d'investigations et d'expériences rigoureusement contrôlées. Il ne pouvait que nous suggérer, grâce à un symbole adéquat, la manière toute mystérieuse dont le monde s'était créé, un monde dont nous percevons l'harmonie fondamentale et dont les divers éléments s'ordonnent en une structure immuable. Il ne lui restait que l'expression mythique pour tenter de traduire en un langage plus ou moins adéquat la complexité d'un univers dont il percevait cependant fort bien l'unité profonde.

Récit de Solon, création du monde, deux thèmes importants du *Timée*. Quelle créance faut-il, selon Platon, leur accorder ?

Au début du dialogue, le philosophe athénien déclare, par la bouche de Timée :

> « Si donc, ô Socrate, en beaucoup de points, sur beaucoup de questions concernant les dieux et la création du monde, nous ne parvenons pas à nous rendre capables d'élaborer des raisonnements cohérents, ne vous en étonnez pas. Mais si nous vous en apportons qui ne le cèdent à aucun autre en vraisemblance, il faut nous en féliciter, nous rappelant que moi qui parle et vous qui jugez, nous ne sommes que des hommes, en sorte qu'il nous suffit d'accepter en ces matières un conte vraisemblable et que nous ne devons pas chercher plus loin. »

A quoi Socrate répond : « C'est parfait et nous devons absolument entendre la chose comme vous l'ordonnez » (29 D). Un peu plus loin, Timée ajoute encore :

> « Sans doute, nous qui participons grandement du hasard, il est normal que nous parlions un peu ici au hasard... (34 C). Car seul un Dieu sait comment on peut mêler en un même tout, pour les dissocier ensuite, des éléments divers, et lui seul en est aussi capable. Mais nul

[14] A. RIVAUD, *op. cit.*, p. 30.

homme ne peut actuellement y prétendre et ne le pourra sans doute jamais » (18 D). C'est pourquoi « je m'appliquerai d'abord à ce que mes discours ne le cèdent en vraisemblance à aucun autre et même le dépassent soit sur chaque phénomène en particulier, soit sur l'ensemble. Invoquons donc encore, en commençant, Dieu pour qu'il nous sauve des considérations absurdes et nous suggère des opinions probables... » (48 D).

Ainsi qu'on le voit, le *Timée* souligne à son tour le caractère rationnellement vraisemblable que doit revêtir tout exposé mythique sous peine d'être tenu pour une simple fantaisie dépourvue de signification. Cette vraisemblance fait qu'une idée, sans être certainement vraie, possède néanmoins quelque chance de l'être; le raisonnement, sans réussir à en démontrer l'exactitude, se révèle impuissant à en déceler l'erreur, il se montre en outre incapable d'élaborer une théorie qui satisferait davantage l'esprit.

Mais si l'on entre plus avant dans l'étude du *Timée,* l'on s'aperçoit fort vite que ce dialogue ne possède pas seulement une couleur mythique. Comme l'écrit très bien Albert Rivaud :

« Le premier trait qui nous frappe ... c'est le caractère méthodique et pédagogique de l'exposé... Platon semble avoir mis un soin tout spécial à jalonner sa route et à marquer d'un trait presque grossier (*sic*) les articulations de son discours. Rien ne manque : annonce plusieurs fois répétée des développements qui vont suivre, récapitulation minutieuse des résultats acquis. Il n'y a pas moins de dix résumés ou programmes partiels dans ces quatre-vingt-dix pages (26 DE; 39 D; 40 CD; 44 C; 48 A; 51 E; 52 A; 55 CD; 61 D; 69 AB [15]. »

Le philosophe athénien manifeste ainsi une profonde volonté de rigueur et de précision méthodologique que l'on retrouve sans doute dans d'autres dialogues mais qui n'appa-

[15] A. RIVAUD, *op. cit.,* p. 42.
G. MILHAUD (*Les philosophes-géomètres de la Grèce,* Paris, 1934, p. 188) reconnaît : « Faut-il n'y voir (dans les mythes) que des envolées de son imagination ? Assurément non : Platon laisse lui-même suffisamment entendre que ces fables ont, à ses yeux, une portée significative. »

raît jamais avec autant de clarté. Cette volonté ne peut s'expliquer que dans la mesure où Platon désire faire œuvre scientifique en composant un dialogue rigoureusement structuré, encyclopédie de la science contemporaine. Comme l'écrit encore Albert Rivaud, « le *Timée* est, de tous les écrits de Platon, celui où l'exposition continue tient le plus de place. Si l'on excepte un bref préambule, l'ouvrage tout entier est rempli par le long exposé de Timée. On dirait un cours ou plutôt le sommaire d'un cours, analogue à ceux qui se faisaient peut-être dans l'Académie [15] ».

Remarquons au surplus que l'enseignement de Timée ne s'adresse guère à des profanes. Sa manière d'exposer est elliptique et abonde en raccourcis. De toute évidence, seuls des hommes cultivés, rompus au langage et aux méthodes scientifiques, peuvent comprendre et apprécier un tel discours. Platon le reconnaît d'ailleurs lorsqu'il déclare par la bouche du savant grec :

> « Et maintenant, je dois m'efforcer de vous découvrir par un raisonnement assez insolite, la manière dont fut disposé et naquit chacun des éléments (de la réalité). Mais puisque vous êtes accoutumés aux méthodes de la science dont il est nécessaire que je me serve pour démontrer ce que je dis, vous me suivrez » (33 C).

Ainsi que nous l'avons déjà signalé, ce dialogue expose et synthétise les plus récentes découvertes de la science grecque. Il en constitue une véritable somme et les développe avec une précision remarquable; un exemple, parmi d'autres : la construction des solides réguliers et une nouveauté — du moins partielle — des sciences mathématiques. Platon l'expose (53 C - 56 C) et déclare que jusqu'alors personne n'avait expliqué l'origine des éléments (l'eau, la terre, l'air et le feu) en se référant aux solides réguliers (48 B).

Si l'on veut une autre preuve, on la découvrira dans le fait que Platon donne presque exclusivement la parole à

---

[15] Voir note 15 page précédente.

Timée, un homme qu'il définit comme un « excellent astronome », comme étant celui « qui s'est donné le plus de mal afin de pénétrer la nature de l'univers » (27 A). Plus loin, Socrate se réjouit du « banquet spirituel » que Timée va lui offrir (27 B). Cela signifie incontestablement que Platon désire que l'on accorde une grande attention aux conceptions du savant grec et qu'on les reconnaisse aussi scientifiques que possible.

Si nous voulons résumer nos analyses — trop schématiques — du *Timée,* nous dirons qu'il est une encyclopédie dont l'auteur est un esprit au courant des découvertes les plus récentes et rompu à la recherche, une encyclopédie qui se veut synthèse puissante plutôt que sèche nomenclature, une encyclopédie que Timée présente sous une forme largement symbolique où des images « bizarres » (53 C) et hautement suggestives prennent le relais du langage strictement objectif. Le *Timée* réalise donc cet amalgame (apparemment paradoxal) de l'exposé scientifique et du langage mythique, de la méthode rationnelle et de l'expression imagée. Platon laisse transparaître sous l'enveloppe symbolique la matière scientifique de son ouvrage. Il établit, si l'on ose dire, une union étroite entre l'élément rationnel et le langage mythique qu'il utilise. Il agit dans ce dialogue comme si le recours au mythe n'était nullement incompatible avec les exigences d'une méthode rigoureuse. Il semble croire que l'expression imagée complète et parachève l'exposé strictement scientifique, il semble croire que la raison dialectique trouve son couronnement dans les suggestions et les images du mythe : ce dernier explore ce que la méthode traditionnelle s'était révélée incapable de scruter mais qui appartient toutefois au domaine de la pensée. Le mythe — intuitif et incantatoire — prolonge l'investigation, toujours inachevée, du raisonnement dialectique. Il joue dans la découverte de la vérité un rôle de suppléance qu'on aurait tort de mésestimer. Ainsi qu'il est aisé de s'en rendre compte dans le *Timée* comme dans d'autres dialogues, l'expression mythique, intimement unie aux conceptions scientifiques dont elle constitue en quelque sorte l'enveloppe, tente, grâce à un ensemble d'images hautement suggestives, de dépasser le caractère restreint de ces conceptions, de les unir en une profonde synthèse, de découvrir au-delà de leur signification immédiate, une signification moins contrôlable assurément mais non moins essentielle à la compréhension du monde et à la connaissance de la vérité [16]. La dialectique platonicienne se prolonge dans le mythe et s'achève réellement en lui [17]. De même que le langage mythique recèle une puissance incantatoire, cette dialectique est « une espèce d'incantation intelligible qui éclate chez Platon dans les dialogues et le discours suivi » [18]. L'in-

---

[16] A. et M. CROISET (*Histoire de la littérature grecque*, Paris, 1947, p. 326) montrent bien la complémentarité de ces méthodes apparemment contradictoires : « Platon, écrivent-ils, veut que l'âme parle à l'âme librement dans une causerie faite de dialectique aussi subtile, aussi lente qu'il sera nécessaire pour dégager l'idée, et de divination poétique intermittente. »

M. VAN HOUTTE (*La philosophie politique de Platon dans les Lois,* Louvain, 1953, p. 60) est du même avis : « Dans la philosophie platonicienne, écrit-il, sens et non-sens, rationnel et irrationnel voisinent en tous les domaines. »

De même, J. MOREAU (*L'âme du monde de Platon aux stoïciens,* Paris, 1939, p. 14) écrit : « Il est indispensable à l'infirmité de notre intelligence d'appeler l'imagination au secours de l'entendement : c'est là, en fin de compte, ce qui conditionne le caractère mythique du *Timée.* »

Enfin, P.M. SCHUHL (*Etudes sur la fabulation platonicienne*, Paris, 1947, p. 32) précise « qu'il arrive que les mathématiques fournissent aux mythes leur armature : schème des séries de progressions qui constituent la substance de l'âme du monde dans le *Timée*; schème de la proportion que l'imagination revêt de brillantes couleurs soit dans le mythe du *Phédon,* soit dans celui de la caverne ».

Quoique sous différents angles, ces commentateurs soulignent tous l'amalgame indéniable de l'élément rationnel et de l'élément mythique dans la dialectique platonicienne.

[17] M. DE CORTE (*Chronique d'histoire de la philosophie grecque,* in « Revue de la Philosophie », 1937, p. 45) soutient la même idée.

[18] M. DE CORTE, *op. cit.,* p. 45.

cantation mythique s'ajoute à l'intelligibilité des conclusions dialectiques afin de les élargir, d'en approfondir la signification et de les ancrer au plus intime de l'esprit. Le mythe jouit d'une force persuasive qui, plus encore que les arguments rationnels, impressionne l'intelligence et emporte sa conviction. Il agit ainsi à propos de tous les problèmes que l'intelligence scrute mais dont la nature est telle que le raisonnement seul ne peut les résoudre. Platon appelle alors à la rescousse la croyance ou l'opinion vraie [19]. Celle-ci se révèle assurément inférieure à la pensée rationnelle quand on l'envisage en elle-même mais elle apparaît bien supérieure quant aux objets atteints. C'est, comme l'écrit J. Chevalier, « la theia moira du *Ménon* qui ne peut rendre raison d'elle-même mais qui est seule à rendre raison du réel et à nous ouvrir la sublime espérance de l'au-delà » [20]. Elle « s'exprime continue-t-il, dans les mythes pareils aux fables que l'on nous a contées, enfants » [20] et qui ont imbu notre âme des vérités essentielles que le raisonnement discursif ne peut atteindre. « Parvenue au seuil de l'invisible, dans l'antichambre du Bien qui surpasse infiniment ses propres pouvoirs, la pure raison, lorsqu'il lui faut jeter un regard sur Dieu et sur l'au-delà, hésite, se trouble et se trouve contrainte d'avouer son impuissance » [21]. C'est pourquoi P. Boyancé [22] a raison de souligner l'aspect incantatoire du mythe platonicien : « Les mythes,

---

KELSEN (*La justice platonicienne*, in « Revue philosophique », 1937, p. 394) va jusqu'à écrire : « La doctrine platonicienne est, en sa partie décisive, une véritable mystique car la vision du Bien suprême est inexprimable, c'est-à-dire intransmissible, relevant de l'expérience interne et dont il n'est pas possible de rendre compte rationnellement. »

[19] Sur la nature de la croyance et de l'opinion, nous nous permettons de renvoyer nos lecteurs à notre chapitre *Réminiscence et dialectique platoniciennes*, p. 129.

[20] J. CHEVALIER, *Histoire de la Pensée, I. - La pensée antique*, Paris, 1955, pp. 249-250.

[21] J. CHEVALIER, *op. cit.*, p. 250.

[22] P. BOYANCE, *Le culte des Muses chez les philosophes grecs*, Paris, 1937, p. 155.

écrit-il, représentent dans les dialogues de Platon ce qui charme et ce qui déconcerte le plus... Platon les a conçus comme des incantations... » Cela est si vrai que le philosophe athénien reconnaît, par la bouche de Socrate, qu'il y a des croyances (par exemple, celle en l'immortalité de l'âme) dont il faut se faire une incantation à soi-même... (*Phédon,* 114 D). De même, dans les *Lois,* l'Athénien parle, à propos de l'existence des dieux, de

« récits que, dès leur prime jeunesse ..., ils (les enfants) entendirent conter à leur nourrice et à leur mère, ces récits dont on les enchantait, pour ainsi dire, tour à tour plaisants et graves, et qui se renouvelaient pour eux dans les prières des sacrifices, accompagnés de ces spectacles dont le déroulement... est une telle joie pour les yeux et les oreilles des jeunes, alors qu'ils voient leurs parents, avec la gravité la plus solennelle, de tout leur cœur, adresser aux dieux, comme à des êtres dont l'existence est plus assurée que tout le reste, leurs prières et leurs supplications (887 D).

L'Athénien insiste sur le charme incantatoire de ces fables et de ces cérémonies religieuses dont le décorum devait impressionner profondément le cœur des jeunes Grecs. De même encore, un peu plus loin, il affirme qu'il faut utiliser l'incantation dans le but de convaincre d'erreur celui qui accuse les dieux de négligence envers les hommes et l'univers.

Remarquons que l'Athénien vient d'achever un long raisonnement propre à persuader son interlocuteur; la méthode incantatoire vise donc, ici, à parfaire la démonstration (ainsi que nous l'avons déjà dit, la dialectique trouve son achèvement et son couronnement dans le mythe) : « Voilà, me semble-t-il, déclare l'Athénien, une discussion bien assez longue avec le chicaneur qui accuse les dieux de négligence... En tant du moins qu'elle le contraint, à force d'arguments, de confesser son erreur; mais il y faut encore, à mon avis, ajouter ces paroles propres à l'enchanter » (au sens premier du mot) (903 B). C'est pourquoi l'Athénien recommande l'usage de chants incantatoires afin d'accoutumer la jeunesse à des joies et à des tristesses conformes aux grandes lois imposées par les dirigeants de la cité, afin de favoriser le conformisme des pensées et des sentiments :

« Ainsi donc, déclare-t-il, pour que l'âme des enfants, loin de s'habituer à des joies et à des tristesses contraires au jugement de la loi et de ceux que la loi a persuadés, se conforme à ce jugement en se réjouissant et en s'affligeant des mêmes objets que le vieillard, à cette fin, ce que nous appelons des chants n'est plus en réalité que des incantations de l'âme, élaborées en vue de l'accord que nous disons » (659 D).

A. De Marignac définit très bien cette vertu incantatoire :

« L'incantation, écrit-il, agit sur l'âme entière et non pas sur l'intellect seul. Elle agit à la fois sur la raison et la sensibilité; elle ébranle les couches profondes que le raisonnement n'atteint pas. Deux voies mènent à la Vérité : 1. le délire; 2. la dialectique. Ces deux voies sont concourantes, elles ne s'opposent pas (Lois, 903 AB). Après avoir contraint au moyen d'un raisonnement le jeune homme à reconnaître qu'il se trompait, il faut encore, car il en éprouve le besoin, le persuader avec des mythes incantatoires[23]. »

Le même auteur exprime l'hypothèse qu'une semblable vertu incantatoire est d'origine initiatique et religieuse :

« Si le mythe, écrit-il, a une origine initiatique et sacrée, cela veut-il dire que le mythe est aux yeux de Platon, non seulement un procédé d'expression particulièrement privilégié, tirant son pouvoir incantatoire de sa parenté avec les procédés d'expression des hiérophantes orphiques et éleusiniens mais qu'il est aussi pour notre auteur lui-même une révélation de la vérité ? Il est vraisemblable qu'il y a de ceci et de cela dans les mythes platoniciens[24]. »

L'on comprend dès lors pourquoi Platon recourt au mythe dont le propre est d'être salvateur. Aux yeux du philosophe athénien, le propos mythique ne se contente pas d'engendrer en nous une croyance, il peut, si nous pratiquons ce qu'il

---

[23] A. DE MARIGNAC, *Imagination et dialectique*, Paris, 1950, p. 151.
[24] A. DE MARIGNAC, *op. cit.*, p. 28.

enseigne, nous conduire au salut, c'est-à-dire à la découverte et à la jouissance de la vérité. Il exerce une action purificatrice et nous conduit à l'Idée suprême, au Bien qui, sans doute, est Dieu. Il participe ainsi à l'initiation de l'âme en route vers le monde idéal, cette initiation dont nous parle le *Phèdre* (249 C) et qui ne se réduit pas à la progression lente et contrôlée du raisonnement dialectique mais comporte aussi la voie du mythe grâce auquel « la raison (se trouve) au contact des traditions primitives de l'humanité » [25], cette initiation dont M. Ghéroult souligne la complexité :

« Outre qu'elle s'accorde, écrit-il, heureusement avec les pratiques religieuses qui ont pu d'abord l'inspirer, avec les séductions de l'art, les exigences psychologiques humaines, (cette méthode d'initiation) s'impose pour Platon universellement comme par une nécessité métaphysique. Pas plus qu'elle n'est, à son premier degré, absolument étrangère à la raison, elle n'est à son sommet, dépouillée de tout enchantement [26]. »

Condamner le mythe au nom de la dialectique apparaît donc aux yeux de Platon comme complètement injustifié. Ainsi que nous l'avons déjà dit, le processus cognitif ne se limite pas à une activité logique, il comporte une voie mythique que l'on ne peut négliger. Si le disciple de Socrate le définit comme une anamnèse, c'est parce qu'il le fonde sur une affinité ontologique de l'âme et du monde idéal : l'âme « se souvient » signifie qu'elle fait retour sur elle-même et se découvre une parenté étroite avec les Idées : le mythe, aussi bien que la dialectique, constitue un mode de connaissance dans la mesure où il apparaît comme une intuition de

---

[25] J. CHEVALIER, *op. cit.*, p. 250.
[26] M. GHEROULT, *La méditation de l'âme sur l'âme dans le Phédon,* in « Revue de Métaphysique et de Morale », 1926, p. 469. Le mythe, avons-nous dit, peut sauver l'homme qui y croit. Platon nous le confirme : « ... Et c'est ainsi, Glaucon, que le conte (sur la destinée de l'âme) a été sauvé de l'oubli... Il peut, si nous y ajoutons foi, nous sauver nous-mêmes » (*République*, 621 BC).

l'esprit concentré sur lui-même (*Phédon,* 83 A), intuition exprimée d'une manière allusive, portant sur la réalité idéale mais non rationnellement contrôlable, exacte toutefois en tant qu'elle se fonde sur la connivence de l'âme et des Idées. Si l'on s'en tient aux critères du seul raisonnement dialectique, le mythe ne possède, au mieux, qu'un caractère de vraisemblance mais si on le considère dans sa source (l'affinité de l'esprit et du monde idéal), il devient un moyen pour l'âme de découvrir les réalités intelligibles, découverte intuitive, non rationnellement communicable, fort précieuse néanmoins pour l'esprit qui en bénéficie.

Le processus cognitif emprunte ainsi deux voies différentes quoique réellement complémentaires : celle de la dialectique, rigoureuse et précise (que le philosophe athénien nomme « réminiscence » : *Ménon,* 98 A) et celle du mythe qui n'est certes point rationnelle mais constitue le fruit d'une intuition, fondée sur l'affinité ontologique de l'âme et du monde idéal. Cette intuition, de par sa nature même (incommunicabilité et incontrôlabilité), résulte d'une démarche purement subjective de l'intelligence. Platon lui donne à elle aussi, le nom d'anamnèse.

Cette voie mythique nous est imposée parce que, ainsi que nous le déclare le Timée (29 D; 34 C, 48 D; 68 D), nous ne sommes que des hommes, c'est-à-dire des créatures aux forces intellectuelles limitées, incapables sur bon nombre de questions (celles, entre autres, touchant Dieu, notre destinée et l'origine du monde) de bâtir un ensemble de raisonnements rigoureux. Etres contingents, il est normal que nous parlions sur de tels problèmes un peu au hasard. La voie mythique nous est donc nécessaire dans la mesure où nous désirons élaborer ne fût-ce qu'une solution partielle des problèmes que nous ne pouvons résoudre d'une autre manière. Et c'est pourquoi le philosophe athénien punit sévèrement ceux qui se rendent coupables du péché contre la mythologie, c'est-à-dire ceux qui considèrent les mythes comme de simples fables sans y attacher le moindre crédit (*Phèdre*, 243 A; *Gorgias*, 527 A).

Dialecticien rompu aux raisonnements les plus rigoureux, rationaliste convaincu, Platon n'en reconnaît pas moins la puissance incantatoire du mythe; celui-ci exprime les intuitions les plus profondes de l'intelligence, celles qui lui tiennent le plus à cœur. Sans négliger assurément la voie dialectique, le philosophe athénien recourt au langage mythique dans la mesure où celui-ci se révèle complémentaire de la méthode rationnelle. P. Janet résume bien ce que nous voulons dire quand il écrit : « Dans Platon, il s'établit, pour ainsi dire, une sorte d'équilibre qui ne s'est pas retrouvé entre l'inspiration et la raison, entre la poésie et la science [27]. » Car, ajoute-t-il, « la dialectique est à la fois intuitive et discursive [28] ». Elle engendre une connaissance obscure qu'elle ne peut exprimer que sous forme symbolique, en même temps qu'une connaissance rigoureuse et parfaitement rationnelle [29].

[27] P. JANET, *Etudes sur la dialectique dans Platon et dans Hegel*, Paris, 1861, p. 89.

[28] P. JANET, *op. cit.*, p. 344.

[29] P. GRENET (*Les origines de l'analogie philosophique dans les dialogues de Platon*, Thèse de Doctorat, Paris, 1948) établit un rapport étroit entre le mythe et la méthode analogique qu'utilise également le philosophe athénien : « La méthode analogique, écrit-il, est une méthode pour dépasser les limites actuelles, provisoires ou naturelles, individuelles ou spécifiques, de l'expérience humaine. La méthode analogique suppose ensuite la conviction qu'entre les objets donnés à notre expérience et ceux qui y échappent, il existe une ressemblance mêlée de différence et qui se réduit à une ressemblance de rapports » (p. 17).

Dans la *République* (368 B), Socrate redoute de ne pouvoir défendre la vertu de justice contre la véhémence de Thrasymaque. Cette tâche, confesse-t-il, dépasse mes forces. Je m'y essaierai néanmoins. Le maître de Platon développe alors une comparaison de type analogique : recherchons, dit-il, ce qu'est la justice sur le plan de l'Etat. Cette question est plus aisée à résoudre. Nous appliquerons ensuite ce que nous aurons découvert au problème de la justice et de l'individu. Telle est la manière dont Platon applique la méthode analogique fondée sur une similitude proportionnelle.

Cela est inévitable puisque nous ne pouvons dans la plupart des cas traduire nos intuitions autrement qu'en images suggestives : « Prenez garde, déclare Socrate dans le *Critias,* à ceci : une image, une imitation, voilà toujours en quelque manière ce qu'est nécessairement tout ce que nous disons, tous tant que nous sommes » (107 B), ce qui signifie, aux yeux de Platon, l'emploi du mythe. V. Goldschmidt a donc parfaitement raison d'écrire que le langage mythique

« s'adresse soit au savant (*Timée,* 28 D), soit à l'élève (*Politique,* 268 C); il procède soit d'une intention de recherche, soit d'une intention pédagogique. Probable, il l'est tantôt en raison des limites imposées à l'intelligence humaine (*République,* 382 D), tantôt pour respecter la faiblesse de l'élève (*Phèdre,* 271 B). Un savoir plus rigoureux ne conviendrait pas, ici, à l'objet (*Timée,* 29 B), là, à l'auditeur [30]. »

Et le même auteur ajoute :

« (C'est seulement) après sa mort (que) le philosophe, purifié, connaîtra la vérité (*Phédon,* 66 C) et sera capable de la vérification. Pendant sa vie, il ne peut qu'obéir à ces mythes, s'en laisser persuader. Entreprise déraisonnable selon l'intelligence discursive (*Phédon,* 114 D; *Gorgias,* 512 E - 523) à laquelle ne peuvent convier que les exigences de l'objet et que seule peut consentir la foi. Tel est le fondement de ce qu'on pourrait appeler chez Platon la connaissance analogique. C'est pourquoi, contre les athées, l'Athénien se départit de la bienveillance pourtant requise dans tout entretien dialectique (*Lois,* 907 C;

[30] V. GOLDSCHMIDT, *Le paradigme dans la dialectique platonicienne,* Paris, 1947, pp. 97-98. Il précise que « si le mythe se substitue à l'enseignement dialectique pour ménager la faiblesse de l'élève, rien n'empêche l'élève de parvenir plus tard à la pleine compréhension de la leçon ainsi enrobée. C'est même pour préparer cette compréhension que l'éducateur commencera sa tâche par des mythes » (p. 99). Car, « il est des enseignements plus aisés à donner dans une affabulation mythique que sous une forme abstraite... non parce que ces enseignements n'admettent pas l'énoncé abstrait, mais parce qu'ils surgissent plus facilement d'un cadre mythique. Cela aussi, si l'on veut, est dû à notre faiblesse et à notre condition charnelle mais la vérité n'en est pas blessée puisque à chaque instant l'interprétation du mythe reste possible » (p. 103).

Lettre VII, 344 B; *République,* 499 A - 500 A). Interlocuteurs indignes, ils manquent de cette foi (*Lois,* 902 B) qui, selon l'Athénien, distingue l'homme de tous les êtres vivants [31]. »

Cette longue citation résume à merveille les quelques considérations que nous venons d'émettre. Probables, les « vérités » du mythe ne peuvent se fonder rationnellement. Rien, en elles, ne peut contraindre l'esprit à les admettre [32]. Tout empreintes du « charme » des réalités sensibles, elles influencent profondément l'homme et le touchent sans doute davantage que le langage abstrait. Lorsqu'il s'agit de problèmes particulièrement délicats, l'esprit doit se contenter de semblables « vérités », de symboles qui n'ont qu'une valeur sug-

---

[31] V. GOLDSCHMIDT, *op. cit.,* p. 100.

[32] V. GOLDSCHMIDT (*op. cit.,* p. 107) déclare : « L'enseignement devient plus saisissant et saisissable à mesure qu'il s'incorpore plus étroitement à l'image sensible. Nous touchons ici à une tendance profonde de la pensée platonicienne, maintes fois signalée surtout à propos des mythes et où il est commode et licite (avec toutes les réserves et nuances requises) de voir une participation mystique. »

De son côté, P. Boyancé (*op. cit.,* p. 159) écrit : « La pédagogie des mythes vise essentiellement à agir sur la sensibilité. » C'est pourquoi Platon utilise quelquefois le langage mythique là où peut-être un raisonnement aurait pu s'établir. Nous en avons un exemple dans le *Phédon* où Socrate s'interroge sur les rapports du Plaisir et de la Douleur, rapports paradoxaux s'il en est : « Tous deux se refusent à être simultanément présents dans l'homme mais qu'on poursuive l'un et qu'on l'attrape, on est presque toujours contraint d'attraper l'autre aussi comme si leur double nature fût rattachée à une tête unique. Il me paraît qu'Esope, s'il avait pensé à cela, aurait pu en composer une fable : la Divinité, désirant mettre un terme à leurs luttes mais n'y réussissant pas, leur attache ensemble leurs deux têtes réunies. Voilà pourquoi où se présente l'un, c'est l'autre ensuite qui vient derrière. C'est comme cela en effet que la chose me paraît : à cause de la chaîne, il y avait dans ma jambe la douleur et voici qu'arrive maintenant, venant derrière elle, le plaisir » (60 BC). Plus loin, Socrate, reprenant ce problème, le traitera d'une manière toute rationnelle, établissant qu'un contraire engendre son contraire (71 A). Cet exemple montre que parfois Platon utilise le mythe là où le raisonnement se révèle possible.

gestive, qui peuvent dès lors paraître ambigus [33] et qui ne constituent que « le miroir de la vérité philosophique, semblable au monde sensible, pâle reflet du monde idéal [34] ». Méthodologiquement, leur emploi se justifie, soit qu'ils interviennent dans une discussion entre savants chevronnés, soit qu'ils viennent en aide à une jeune intelligence non rompue encore à l'exercice dialectique.

Telle est, très schématiquement esquissée, la conception platonicienne du mythe. Elle nous permettra d'éclairer la signification profonde du thème de la réminiscence dans la mesure — à vrai dire limitée — où celui-ci appartient au mythe.

Le problème épistémologique est, aux yeux du philosophe athénien, un problème difficile. De l'expérience sensible — fluctuante et relative — ne peut naître une science réelle.

---

[33] SIMETERRE (*Introduction à l'étude de Platon*, Paris, 1948, p. 22) souligne cette ambiguïté lorsqu'il écrit : « Platon nous met en garde dans la plupart des cas : ne songeons pas, nous dit-il, à prendre ces récits à la lettre, nous manquerions de bon sens (*Phédon*, 114 B). Mais en même temps, Platon nous fait comprendre que ces mythes ne sont pas des fables sans signification; ils nous apportent des enseignements qui ont quelque chose de véritable (*Gorgias*, 52 A) ».

Pour E. PACI (*Il significato del Parmenido nella filosofia di Platone*, Messina-Milano, 1938), cette ambiguïté a une signification précise : « Platon, écrit-il, recourt au mythe seulement pour éviter dans les problèmes qui sont les éternels problèmes humains, un inutile et dangereux dogmatisme. »

[34] TEICHMULLER, *Platonische Frage*, p. 94.

De leur côté, ENRIQUES et G. DE SANTILLANA (*Platon et Aristote*, Paris, 1937, p. 21) écrivent : « Le mythe a, dans le système de Platon, une fonction très complexe qui reflète bien la complexité de la pensée platonicienne. De même que la philosophie n'est point une science parfaite mais essentiellement la « lumière intellectuelle nourrie d'amour », l'effort tendu vers une connaissance qui jamais ne pourra être à la portée des mortels, ainsi le mythe est un terme moyen entre la science et l'ignorance, un élan de la pensée vers la réalité, un pont audacieux que nous jetons vers la haute berge de l'intelligible... »

Celle-ci s'engendre dans l'effort de l'homme pour dépasser les apparences de l'univers matériel et rejoindre l'au-delà, l'Idée, pur intelligible. S'il veut jouir d'une connaissance exacte, l'esprit doit nouer un rapport intime avec cette Idée, principe de toutes choses et dont le monde sensible n'offre qu'une ombre caricaturale; cette intimité demeure obscure, elle se fonde sur l'affinité ontologique de l'âme et de l'univers idéal. Platon ne peut ou ne veut l'expliciter; c'est pourquoi il n'ébauche qu'une solution aussi partielle qu'hypothétique et ne nous fait que quelques suggestions. Grâce au thème de la réminiscence, il nous indique le caractère éminemment personnel de l'activité cognitive; à ses yeux, la sagesse ne constitue point un ensemble de conceptions qu'un maître transmettrait et imposerait en quelque sorte à ses disciples. Elle demeure lettre morte pour celui qui ne la recrée point en son âme, pour celui qui ne la fait point sienne. L'esprit ne peut opérer cette recréation s'il ne se fonde point sur l'affinité ontologique qui l'unit au monde idéal; cette connivence profonde sauvegarde l'objectivité de la connaissance humaine, apparemment compromise par le côté foncièrement personnel du processus cognitif [35].

En un mot, et pour nous résumer, Platon donne le nom symbolique d'anamnèse à la démarche de l'esprit en quête de sagesse, parce que cette démarche, profondément subjective, ne peut se révéler fructueuse si l'âme ne fait point retour sur elle-même et ne se découvre point une parenté fondamentale avec le monde des Idées, parenté qui lui permet de connaître cet univers selon une double voie : celle du mythe et celle de la dialectique.

---

[35] Sur le caractère tout à la fois objectif et subjectif de la connaissance humaine selon Platon, nous nous permettons de renvoyer nos lecteurs à notre chapitre *Le thème de la Réminiscence dans les Dialogues de Platon*, p. 5.

LE THEME PLATONICIEN
DE LA REMINISCENCE
ET LA PURIFICATION MORALE

Les chapitres précédents nous ont montré que le phénomène de réminiscence se déroule en deux phases successives : la première constitue un ensemble d'anamnèses partielles initiant l'esprit à la découverte de l'univers idéal, la seconde engendre la sagesse et se situe tout entière dans le domaine de l'intelligible. Nous savons aussi que la première étape de ce phénomène ne conduit point nécessairement à la seconde. L'Idée du Bien joue un rôle essentiel dans l'éclosion de la science et apparaît comme la source principale de toute vérité. Si cette Idée n'intervient pas, le processus cognitif demeure radicalement stérile, dans l'hypothèse même où une réminiscence initiale s'est correctement déroulée.

Une question se pose dès lors : tous les hommes éprouvent-ils une anamnèse plénière ? Se révèlent-ils capables de découvrir la Vérité ? N'en est-il point qui n'atteignent jamais une sagesse authentique ?

Socrate, dans le *Théétète,* prononce quelques paroles fort graves : « (Parmi mes interlocuteurs), déclare-t-il, il y en a de qui je juge qu'ils ne sont en gestation d'aucun fruit (de vérité); je sais alors qu'ils n'ont de moi aucun besoin... » (151 B).

Il existe donc aux yeux du sage athénien un certain nombre d'esprits incapables d'acquérir la science du monde idéal, apanage de ses propres disciples. De semblables intelligences, quoi qu'elles fassent, n'éprouveront jamais une anamnèse plénière, c'est-à-dire une anamnèse qui leur révèle les beautés de l'univers intelligible. Elles se montreront toujours impuissantes à engendrer de « belles pensées » et demeureront rétives aux exigences de la discipline dialectique. Quelque effort que Socrate consente en leur faveur, il ne pourra les aider et devra leur découvrir d'autres guides, moins bons que lui, quoique fort capables de leur inculquer certaines connaissances assurément inférieures à la philosophie, mais bien adaptées aux capacités réduites dont font preuve de telles intelligences : « Avec dévouement, déclare-t-il, je m'entremets pour eux et, grâce au ciel, je conjecture très exactement de quelle fréquentation ils tireront profit. Il en est plusieurs que j'ai ainsi accouplés à Prodicos, plusieurs à d'autres hommes sages et divins » (*Théétète,* 150 B).

Plutôt que d'abandonner de semblables esprits à l'inculture complète, Socrate les recommande aux éducateurs qui leur conviennent, aux sophistes, ces marchands d'illusions, ces hommes habiles mais dépourvus de toute droiture, qui n'ambitionnent nullement de vivre selon la vérité mais se satisfont de la réussite apparente. Le maître de Platon leur envoie ceux qu'il n'a pu aider, ceux qui n'ont point tiré profit de son contact, ceux dont les ressources spirituelles se sont révélées trop maigres pour que Socrate puisse jouer en leur faveur son rôle traditionnel.

De semblables intelligences sont celles, entre autres, « qui ont de la facilité à apprendre, de la mémoire, de la sagacité, de la vivacité et toutes les qualités analogues, mais qui n'y joignent pas d'habitude la force et la grandeur d'âme qui les rendraient capables de mener une vie calme, réglée et constante, mais ils sont emportés au hasard par leur vivacité et perdent toute stabilité » (*République,* 503 C).

Souffrent de la même anémie spirituelle « ceux qui sont lourds et lents à apprendre; on les dirait engourdis, ils ne font que dormir et bâiller quand ils se trouvent en présence d'un travail intellectuel » (*République,* 503 D).

Mais Platon ne s'en tient pas là. Il nous donne dans le *Phèdre* une explication mythique de cette stérilité d'esprit. La plupart des âmes, nous dit-il, au moment où elles se trouvent encore désincarnées, aspirent à contempler le monde idéal; toutes ensemble, elles s'élancent dans sa direction mais « sombrent au milieu du remous qui les entraîne, se piétinent et se bousculent entre elles, chacune s'efforçant de se placer en avant d'une autre. C'est donc le tumulte, la lutte, les sueurs, tout cela à son comble, et comme de juste, l'occasion pour beaucoup d'âmes, du fait de l'impéritie des cochers, d'être estropiés... Toutes enfin, accablées de fatigue, s'éloignent sans avoir été initiées à la contemplation des réalités et, une fois éloignées, c'est l'opinion qui constitue leur nourriture... » (248 B).

Ainsi donc, aux yeux du philosophe athénien, la plupart des hommes, n'ayant pu contempler à loisir l'univers idéal au moment où ils ne s'étaient pas encore incarnés, n'éprouveront aucune anamnèse et se montreront incapables de se soumettre aux exigences de l'exercice dialectique. Le texte que nous venons de citer apparaît donc comme une façon mythique d'exprimer l'inégalité des aptitudes spirituelles. Il en résulte que la science, source de sagesse, n'est l'apanage que d'un petit nombre d'esprits, le privilège de quelques élus. Le reste des hommes n'y accède pas et doit se contenter de l'opinion, confuse et aléatoire. La pensée socratique est, sur ce point, dépourvue de toute ambiguïté. Quoique tous les hommes aient vocation de découvrir la vérité, c'est-à-dire le monde idéal, et de fuir le mensonge, c'est-à-dire l'apparence sensible, un petit nombre d'entre eux seulement atteint l'intelligible. Nous ne devons d'ailleurs nullement nous en étonner, dans la mesure où nous nous souvenons de la manière dont Socrate nous présente le philosophe.

Il nous le définit comme un être supérieur, dont les qualités ne sont pas loin d'être divines. Le maître de Platon ne déclare-t-il pas dans la *République* : « Le philosophe qui vit avec ce qui est divin et ordonné, devient divin et ordonné autant que le comporte la nature humaine » (500 D) ? Lui seul atteint les réalités supérieures, lui seul acquiert, de l'intelligible, une connaissance authentique. Lui seul a, de l'Etre, une vision parfaite. Une preuve de la supériorité de cet esprit nous est donnée dans la *Lettre VII*. Un tel esprit, y lit-on, « doué d'une nature divine », ne se rebute pas devant les difficultés et le long effort que la découverte de l'univers idéal lui impose. Il se soumet aux exigences d'une telle découverte et s'astreint à une lucidité d'autant plus difficile qu'elle passe aux yeux des autres pour de l'aveuglement ou de la folie.

S'il ne jette point feu et flamme en faveur de la philosophie, si la discipline dialectique le décourage, s'il trouve tout ardu et impossible de telle sorte qu'il renonce, à peine engagé, il ne témoigne d'aucune affinité avec le monde intelligible et se révèle bien incapable d'éprouver une véritable réminiscence (*Lettre VII*, 340).

Une condition essentielle de l'éclosion du phénomène d'anamnèse réside ainsi dans la nature de celui qui entreprend l'étude des Idées. Cette nature n'est point divine au sens strict (un homme ne peut jamais s'égaler aux dieux), mais elle apparaît richement douée et témoigne d'aptitudes exceptionnelles. Socrate multiplie à ce sujet les affirmations les plus catégoriques : dans le *Théétète*, ne déclare-t-il pas que la science philosophique constitue le fruit d'une conquête semée d'obstacles et réservée aux esprits absolument supé-

rieurs (148 C) ? Dans la *République* ne précise-t-il pas que
« s'il se rencontre un gouvernement dont l'excellence corres-
ponde à celle du philosophe, alors on verra que celui-ci était
véritablement divin... » (497 C) ?

Cette première condition du phénomène d'anamnèse apparaît comme un don des dieux, que l'esprit se doit de faire
fructifier sans qu'il puisse cependant se l'octroyer à lui-même.
Il s'agit en effet d'un privilège essentiellement gratuit que
l'être humain ne peut obtenir en tant que récompense de
quelque mérite personnel.

Une autre condition se révèle cependant indispensable à
l'éclosion de la sagesse, à l'apparition du phénomène d'anamnèse : la pureté morale de celui qui va à la découverte de
l'univers intelligible. Jouir d'une nature divine et de qualités
exceptionnelles ne suffit pas à celui qui entend s'approcher
des réalités éternelles et en déceler toutes les beautés, il faut
encore y joindre une rectitude éthique inaltérable. Un esprit
retors ou malintentionné, un esprit trop imbu de lui-même
ou trop lâche pour se soumettre aux exigences de la dialectique et se détacher des plaisirs du monde sensible, ne peuvent
que gaspiller leurs dons, quels qu'ils soient. Une grande pénétration, une bonne mémoire, une indéniable subtilité ne sont
point suffisantes. L'intelligence qui jouit de semblables qualités ne peut atteindre l'univers intelligible si elle ne fait preuve
d'aucune droiture, si elle n'obéit pas aux impératifs d'une
ascèse préalable, si elle n'accepte point, en un mot, l'intervention du Bien lui-même. Platon n'écrit-il pas dans la
Septième Lettre : « Ceux qui n'ont aucun penchant pour le
juste et le beau, et ne s'harmonisent pas avec ces vertus ...,
pas un d'entre eux n'apprendra jamais sur la vertu et le vice
tout ce qu'il est possible de connaître... » (344 A) ? Et dans
le *Ménexène*, ne déclare-t-il pas : « Toute science séparée de
la justice et des autres vertus, apparaît comme une rouerie,
non comme un talent » (247 A) ?

Quels sont donc les impératifs moraux que l'âme doit respecter pour acquérir la science du monde idéal ? Quelles sont les exigences éthiques qui président à l'apparition du phénomène d'anamnèse ?

De telles exigences se révèlent fort simples : elles se réduisent à l'obligation pour l'âme d'être pure. Le phénomène de réminiscence n'est point seulement une opération cognitive, il exige autre chose encore que la finesse et la sagacité, il constitue le fruit d'un effort spirituel, d'une ascèse patiemment poursuivie en toute liberté et en toute lucidité.

Une telle ascèse oblige l'être humain à s'éloigner des plaisirs et des illusions sensibles. Cet impératif nous est déjà connu mais il revêt, aux yeux du philosophe athénien, une importance si considérable que nous devons, ce nous semble, y revenir encore : « Etre ainsi délié des biens terrestres, déclare Socrate, voilà donc à l'encontre de quoi l'âme du vrai philosophe pense qu'on ne doit rien faire, et de la sorte, elle se tient à l'écart des plaisirs aussi bien que des désirs, des peines, des terreurs, pour autant qu'elle en a le pouvoir... Tout plaisir et toute peine possèdent une manière de clou qui leur permet de fixer l'âme au corps et de la ficher en lui, faisant qu'alors elle a de la corporéité et qu'elle juge de la vérité des choses d'après les affirmations mêmes du corps. Elle est telle par suite qu'elle ne parvient jamais chez Hadès en état de pureté mais toujours au contraire contaminée par le corps d'où elle est sortie. En conséquence de quoi, elle est frustrée de tout droit à partager l'existence de ce qui est divin et du même coup pur et unique en sa forme... » (*Phédon*, 83 BE).

La signification de ce texte, quoique indéniablement mythique, ne fait aucun doute : quiconque ne s'affranchit point du monde sensible, quiconque subit le charme de ses apparences captieuses, devient semblable à ce qui le touche et le contamine. Il perd tout le bénéfice de ses liens ontologiques avec l'univers des Idées et n'est plus qu'une âme complètement aveuglée. C'est pourquoi Platon écrit dans la *Septième Lettre* : « Qui n'a aucune affinité avec l'objet (de la science) n'obtiendra la vision de l'Etre ni grâce à sa facilité d'esprit, ni grâce à sa mémoire » (344 A). Quelles que soient les qualités intellectuelles dont témoigne l'esprit, quelles que soient sa finesse et sa pénétration, l'âme n'acquerra jamais une connaissance authentique du monde idéal, elle n'en éprouvera aucune réminiscence si ses attaches avec l'univers sensible diminuent ou détruisent l'affinité ontologique qui l'unit aux Idées.

Il nous reste à découvrir la manière dont s'opère cette katharsis spirituelle, katharsis qui ne se réduit point à une pureté de mœurs, nécessaire quoique insuffisante.

Le disciple de Socrate déclare d'abord que l'exercice de la pensée, c'est-à-dire celui de la phronésis, constitue l'un des moyens les plus efficaces de purification spirituelle dans la mesure où un tel exercice libère l'âme dès cette vie en la séparant du corps et de toutes séductions sensibles pour lui apprendre à n'aimer et à ne rechercher que le Vrai, cela de la meilleure manière (*Phédon,* 69 C). La réflexion dialectique purifie l'intelligence dans la mesure où ce lui est un moyen de se détacher des réalités matérielles. Et c'est pourquoi Socrate, dans la *République,* engage le philosophe à ne point se hâter lorsqu'il entreprend la conquête du monde idéal, à ne point brûler les étapes au risque de tout compromettre. Le maître de Platon ne nous déclare-t-il pas, en effet : « Il faut qu'il (le philosophe) prenne le circuit le plus long (c'est-à-dire qu'il passe par l'étude de toutes les sciences auxiliaires : la géométrie, la stéréométrie, l'astronomie, etc...), qu'il parcoure une à une les étapes successives de la dialectique, il faut qu'il travaille à développer son esprit tout autant que son corps, autrement, nous venons de le dire, il ne parviendra jamais au terme de cette science qui est la plus haute et la plus appropriée à ses fonctions » (504 D).

Et c'est pourquoi dans la *Septième Lettre,* il insiste sur la nécessité — assurément pénible quoique très fructueuse — de s'adonner à l'exercice dialectique : « Ce n'est, dit-il, que lorsqu'on a laborieusement frotté les uns contre les autres, noms, définitions, perceptions de la vue et des autres sens, lorsqu'on a discuté en des entretiens bienveillants où l'envie ne dicte ni les questions, ni les réponses, que sur l'objet étudié vient luire la lumière de la sagesse et de l'intelligence avec toute l'intensité que peuvent supporter les forces humaines » (344 B).

C'est dans la même perspective qu'il faut comprendre l'étranger du *Sophiste* lorsqu'il déclare que la réfutation (c'est-à-dire les difficultés que l'esprit rencontre dans la recherche de la Vérité), apparaît comme ce qu'il y a de plus essentiel et de plus efficace en fait de purification, de telle sorte que s'y soustraire « c'est, fût-on le Grand Roi, rester impurifié des plus grandes souillures et garder inéducation et laideur en ces parties de soi-même où la plus grande pureté, la plus parfaite beauté sont requises de qui veut posséder la véritable béatitude » (230 DE).

Ces textes signifient qu'un contact prolongé avec l'objet de l'étude se révèle indispensable pour le bien connaître [1] et que, plus précisément, la soumission de l'esprit à une ascèse rigoureuse constitue la première étape — toujours nécessaire — d'une recherche philosophique fructueuse. Ces textes nous apprennent qu'il faut en quelque sorte mériter la science que l'on acquiert et que la sagesse apparaît comme la récompense d'un long effort humble et tenace, tout empreint de patience [2].

---

[1] Ce disant, nous suivons L. STEFANINI (*Platone*, Padova, 1949, 2e éd., I, p. 105). N'écrit-il pas « qu'aux yeux de Platon, la réalité totale ne s'offre pas tout entière et immédiatement à notre esprit mais que l'on conquiert peu à peu sa vision. La science est un trésor que le philosophe conquiert franc par franc (*sic*) » ?

[2] H. Bergson exprime une idée analogue lorsqu'il écrit qu'on n'obtient pas de la réalité une intuition, c'est-à-dire une sympathie intellec-

De tout ceci, il résulte que Platon a fort bien compris que les dispositions morales jouent un rôle déterminant dans la découverte de la Vérité. L'esprit, déclare-t-il, ne bénéficiera d'aucune réminiscence, quelle que soit l'étendue de ses capacités intellectuelles, s'il ne se soumet point aux exigences d'une katharsis rigoureuse.

Cette katharsis implique une pureté de mœurs irréprochable autant qu'un exercice prolongé de la dialectique. Ceci nous conduit à partager l'opinion de D. Dubarle : « L'être, écrit-il, qui motive tout le système de l'aspiration philosophique et de sa mise en pratique dialectique, se présente dans le platonisme bien davantage comme valeur que comme substance [3]... » En d'autres termes, aux yeux du philosophe athénien, « on entre en philosophie comme on entre en religion, au prix d'une conversion de la vie et d'une discipline non seulement intellectuelle, mais morale et spirituelle [4] ». Dans son ascension vers les réalités idéales, l'esprit ne doit pas s'en tenir orgueilleusement à son propre point de vue, mais il ne peut non plus s'en remettre à l'opinion de la multitude. Quel est en effet le poids de celle-ci en comparaison du jugement de l'intelligence parfaitement au fait de la matière envisagée ? Elle seule connaît l'exacte vérité et doit être suivie (*Criton,* 47 D - '8 A), même dans l'hypothèse où elle se trouve en butte à l'opposition du plus grand nombre. Loin de se laisser prendre au piège d'arguments oratoires qui ne visent qu'à persuader sans le moindre souci d'exprimer le vrai, l'esprit doit s'efforcer avant tout d'acquérir l'humilité qui constitue la condition et la source du phénomène de réminiscence. L'astuce des sophistes ne peut le berner, ces sophis-

tuelle avec ce qu'elle a de plus intérieur si l'on n'a pas gagné sa confiance par une longue camaraderie avec ses manifestations superficielles » (*Introduction à la Métaphysique,* in « Revue de Métaphysique et de Morale », 1906, p. 36).

[3] D. DUBARLE, *Dialectique et ontologie chez Platon,* Paris, 1956, p. 142.

[4] D. DUBARLE, *ibid.,* p. 141.

tes qui ne recherchent que la flatterie, le plaisir et le profit mais non la vérité et la vertu, ces sophistes amoureux du peuple (*Gorgias,* 481 E) dont ils ne refusent, par lâcheté, aucun caprice et à qui ils rendent un culte (*Gorgias,* 502 E), ces sophistes enfin passés maîtres dans l'art de la brigue et dont le talent se réduit à la rhétorique « ouvrière de persuasion » (*Gorgias,* 453 A).

Loin de les imiter, Socrate prêche à temps et à contretemps, il nous recommande de ne jamais relâcher notre effort en vue de découvrir la vérité, et de nous astreindre aux exigences qu'une telle démarche nous impose. « Soumettez-vous encore, il le faut, à une recherche », déclare-t-il (*Phédon,* 78 A). Il nous affirme que son intention (qui devrait être celle de tout esprit) consiste à scruter le mystère de l'être sans se préoccuper le moins du monde de l'effet que son langage produit sur ses interlocuteurs : « Mon but, nous dit-il, n'est pas de faire accepter pour vrai par les assistants le langage que je tiens (ce que je n'aurai à cœur que par surcroît) mais de juger moi-même le plus possible qu'il a ce caractère » (*Phédon,* 91 A). Bien loin de faire étalage d'opinions personnelles qu'il n'aurait point vérifiées à la lumière de la raison, bien loin d'adopter l'attitude de ceux « qui n'ont cure de la vérité des choses (*Phédon,* 90 E), il se met à l'école de la réalité intelligible. Ne déclare-t-il pas dans le *Philèbe* (il s'agit de savoir si la vérité réside en ce qu'on appelle l'opinion) : « Qu'on nous envoie promener, moi, toi et Gorgias et Philèbe et qu'on proclame ceci sur le témoignage du logos : qu'ailleurs (de l'opinion) se trouvent, à notre avis, la fermeté et la pureté, la vérité... » (59 B) [5] ? Socrate veut dire en son langage incisif que nos opinions individuelles n'acquièrent une valeur de

---

[5] A. Diès (Collection Les Belles Lettres) traduit ce passage comme suit : « Alors, qu'il ne soit plus question de moi, de toi, de Gorgias et de Philèbe et sur la foi de notre raisonnement, proclamons plutôt ceci... » Pour rendre sans doute le dialogue plus distingué, le traducteur a fortement adouci la signification de l'expression « khairein éân »,

vérité qu'en tant qu'elles apparaissent en accord et en harmonie avec l'univers idéal, qu'en tant qu'elles se trouvent
rigoureusement contrôlées grâce à la réflexion dialectique.
Ne déclare-t-il pas en effet (il s'agit de savoir si la tragédie
sera admise ou non dans l'Etat idéal) : « Je n'en sais rien
pour le moment, mais partout où le souffle de la raison nous
poussera, nous nous y rendrons » (*République*, 394 A) ?

En un mot, comme l'écrit R. Schaerer [6], « la force vic-
torieuse, celle qui fait découvrir la vérité, se trouve dans le
Logos. Celui-ci est l'unique individu actif du dialogue; il est,
logiquement, le lien commun de la question et de la réponse
et constitue, rationnellement, la Pensée elle-même, dégagée
de toute contingence et se frayant une voie vers l'Idée du
Bien. Il prend la parole, se retourne contre les dialecticiens,
les interroge, les accuse [7], se moque d'eux (*Charmide,* 75 D),
les assaille et les met en fuite [8], s'amuse à les intriguer [9], les

qui veut dire exactement « envoyer promener », au sens propre comme
au figuré... Ceci nous paraît très regrettable, car en agissant ainsi,
Diès trahit le style platonicien et fausse le portrait de Socrate tel que
les dialogues l'esquissent. Les paroles, toujours colorées, du sage athénien dépeignent admirablement le personnage et ne peuvent être tra-
vesties.

[6] R. SCHAERER, *La question platonicienne,* Paris-Neuchâtel, 1938,
pp. 38-39 et 40.

[7] « ... Or il me semble, déclare Socrate, que notre discours même,
en arrivant à la conclusion, devient comme notre accusateur et se
moque de nous, et que, s'il pouvait prendre la parole, il nous dirait :
"Vous êtes de plaisants personnages, Socrate et Protagoras, toi, Socrate, qui niais d'abord que la vertu pût s'enseigner, voilà que tu
t'efforces à te contredire en démontrant que tout est science, la justice,
la tempérance, le courage ..., ce qui constitue le plus sûr moyen
de montrer qu'on peut enseigner la vertu... D'autre part, Protagoras
qui avait d'abord mis en relief l'idée qu'elle pouvait s'enseigner, semble
maintenant s'appliquer à se contredire, voyant en elle tout plutôt qu'une
science, ce qui lui enlèverait toute possibilité d'être enseignée " »
(*Protagoras,* 361 A).

[8] « J'ai le dessein de céder la place au raisonnement qui m'assaille;
vois par où je pense m'échapper et fuis avec moi... » (*Philèbe,* 43 A).

[9] « Ce n'est rien de si compliqué, Protarque, mais le discours
s'amuse à nous intriguer... » (*Philèbe,* 53 E).

abandonne (*Théétète*, 164 A), les gourmande et les ra-
broue [10] ». Il se présente comme un cheval fougueux [11] ou
comme un extraordinaire séducteur : l'attitude de Thrasymaque dans la *République* est révélatrice à cet égard : très
coléreux au début du dialogue (336 B), l'interlocuteur de
Socrate perd peu à peu de son emportement et se met à rougir
devant l'argumentation socratique à laquelle il ne sait plus
que répondre : « Thrasymaque convint de tout cela, déclare
le maître de Platon, non pas aussi aisément que je le rapporte
à présent, mais à contrecœur et à grand-peine. Il suait à
grosses gouttes, d'autant plus qu'il faisait très chaud et je vis
alors ce que je n'avais jamais vu : Thrasymaque rougir... »
(350 D). L'effet bienfaisant du Logos s'accentue encore et
le jeune homme devient plus courtois, il se radoucit et se
civilise : son interlocuteur le reconnaît lorsqu'il affirme que
Thrasymaque s'est rendu traitable en renonçant à sa rudesse
première (354 A), en voulant aussi devenir l'ami de Socrate
(498 C).

Du début à la fin de son entretien, il subit une métamorphose dont la source, à n'en pas douter, se situe dans l'action
du Logos que Socrate manie toujours avec infiniment d'à-
propos et d'habileté. Plus profondément, comme le déclare
Brice-Parain [12], « le Logos prend la valeur d'intermédiaire
ontologique entre le monde intelligible et le monde sensible ».

---

[10] « Ne sera-ce donc point, mon fils, qu'avec raison l'argument
nous gourmande, qui nous démontre notre tort de rechercher l'opinion
fausse avant de s'adonner à la science et sans se préoccuper de celles-
ci... ? » (*Théétète,* 200 D).

[11] « Je crois qu'il me faut à tout instant reprendre le raisonnement
comme un cheval et, au lieu de me laisser emporter par lui, la bouche
comme dégagée du mors, et de tomber en quelque sorte à bas de mon
âne comme dit le proverbe, (je crois qu'il me faut) poser à nouveau
la dernière question : à quoi tendait ce discours... ? » (*Lois,* 701 C).

[12] BRICE-PARAIN, *Essais sur le Logos platonicien,* Paris, 1942,
p. 165.

C'est grâce à lui que l'homme éprouve le phénomène d'anamnèse et acquiert la Sagesse, c'est-à-dire la science de l'univers idéal. Il constitue l'instrument dont se sert Socrate lorsqu'il accouche l'âme de ses disciples. Il aide l'esprit à engendrer de belles pensées et lui est un guide autant qu'un aiguillon. En un mot, il apparaît comme un maître patient et riche d'expérience, habile à réduire l'intelligence la plus rétive, à la mener là où elle ne voulait point d'abord se rendre. Il la reprend quand elle dévie, la gourmande quand elle se trompe, l'excite et la pique quand elle s'endort, la calme et l'apaise quand elle se livre à la violence ou à la polémique, quand elle abandonne tout souci de la Vérité pour se livrer au plaisir stérile de la discussion comme font ces adolescents qui ne considèrent l'exercice dialectique que sous la forme d'un jeu purement gratuit [13].

---

[13] Dans la *République,* Socrate ne déclare-t-il pas en effet : « Tu n'est pas sans avoir remarqué, je pense, que les adolescents qui ont une fois goûté à la dialectique, en abusent et s'en font un jeu, qu'ils ne s'en servent que pour contredire, qu'à l'exemple de ceux qui les confondent, ils confondent les autres à leur tour, et que, semblables à de jeunes chiens, ils prennent plaisir à tirailler à déchirer avec le raisonnement tous ceux qui les approchent... » (539 B) ?

De même dans le *Philèbe,* « Le jeune homme se jette d'abord lui-même dans l'embarras, plus qu'aucun autre, et il embarrasse tous ceux qui l'approchent. Il ne fait quartier ni à son père, ni à sa mère, ni à aucun de ceux qui l'écoutent... » (15 D).

Cette manière de faire se révèle extrêmement périlleuse : elle conduit ceux qui y cèdent à ne plus voir clair en rien et à douter de tout, perdus qu'ils sont dans la complexité et la subtilité infinies de leurs raisonnements. Socrate souligne expressément ce danger d'autant plus redoutable qu'il ne se révèle point tout de suite. « C'est surtout à ceux dont le temps se passe à raisonner pour et contre, déclare-t-il, qu'il arrive, tu le sais bien, de s'imaginer enfin que, parvenus au comble de la sagesse, ils sont les seuls à avoir reconnu qu'il n'existe dans les choses pas plus que dans les raisonnements, rien de rien qui soit sain ni davantage stable, toute la réalité étant au contraire tout bonnement dans une manière d'Euripe, remontant ou redescendant tout à tour le courant, sans aucun moment de repos en aucun point que ce soit » (90 C).

Le Logos ainsi personnifié [14] apparaît comme le garant de l'esprit en train de faire œuvre réflexive. Il ne le laisse pas à ses propres ressources, toujours limitées, il ne l'abandonne pas aux illusions du monde sensible mais il se définit, si l'on ose dire, comme le bon génie du dialecticien, il est ce qui le rend fécond et lui permet de découvrir les réalités éternelles. Sans son intervention, l'activité cognitive se révélerait stérile et l'esprit n'aurait plus où se tourner.

Il constitue le ressort, sans doute peu apparent mais d'autant plus essentiel, de toute recherche philosophique et joue un rôle considérable dans l'éclosion et le développement du phénomène d'anamnèse. Lorsque l'esprit bénéficie, par le biais de quelque objet sensible, d'une première réminiscence — encore très grossière —, le Logos lui permet d'en éprouver d'autres toujours plus parfaites, il lui facilite le passage de la première à la seconde, de la seconde à la troisième, le protégeant des impasses, des faux-fuyants et des cercles vicieux. Il apparaît ainsi comme l'inspirateur de toute découverte du monde idéal.

Mais la science ne découle pas seulement de l'exercice dialectique, de l'ascèse spirituelle et de l'activité du Logos. Sa source, aux yeux de Platon, se situe ailleurs : elle vient d'en haut.

---

[14] Platon n'est point le premier à personnifier le Logos. Il ne fait que suivre une tradition déjà bien établie : dans les *Nuées* d'Aristophane, le dikaios logos et l'adikos logos interviennent en tant que personnages (vers 890-945). De même, chez Héraclite, Logos est un être vivant, « un être extérieur à nous », un être dont l'action est essentielle. Il est véritablement le « Logos koinon kai theion ». Ainsi que l'écrit J. Chevalier, paraphrasant Héraclite (*Histoire de la Pensée,* I, 86), « Le Logos est toujours vrai et quoique toutes choses arrivent à l'existence conformément à ce Verbe, il est incompris des hommes. »

Une preuve nous en est donnée, parmi d'autres, au moment où Socrate nous déclare avoir entendu certains propos fort élevés de la part d'un être supérieur qui se trouvait présent mais d'une manière invisible, lors d'un entretien entre le maître de Platon et deux sophistes. « ... Je suis bien sûr que ce n'était ni Euthydème ni Dionysodore qui parlait ainsi. Faut-il, divin Criton, attribuer ces paroles à un être supérieur qui se trouvait là ? Car je les ai entendues, j'en suis certain... — Oui, par Zeus, Socrate, c'était à mon avis quelqu'un de supérieur... » (*Euthydème, 291 A*).

Ces propos élevés aidèrent puissamment les interlocuteurs. Cela signifie sans la moindre équivoque que la recherche de la Vérité ne peut s'exercer fructueusement qu'en la présence (invisible) d'un être supérieur, d'un maître qui dirige la discussion et en inspire les propos exacts. Cet être est le Souverain Bien qui assiste les philosophes, les guide et leur permet d'atteindre l'univers idéal.

Souvenons-nous ici des textes de la *République* que nous avons abondamment cités plus haut et qui insistent sur le rôle essentiel de l'Idée du Bien. Aux yeux de Platon, l'homme, pourvu qu'il soit sincère et averti, ne demeure jamais seul dans son ascension spirituelle. Le Souverain Bien, que l'on pourrait identifier à Dieu, éclaire l'homme et le soutient dans la mesure où il occupe le sommet de la hiérarchie idéale, dans la mesure où, étant transcendant, il resterait totalement inconnaissable s'il ne se révélait en quelque sorte à chaque esprit. Il en résulte que ce Principe apparaît tout à la fois comme immanent et transcendant, immanent parce qu'il est ce qui pousse l'homme à rechercher la Vérité, parce que son aide se révèle parfaitement efficace dans la mesure où une profonde connivence ontologique unit l'esprit et l'univers idéal; transcendant, parce qu'il se situe, comme Socrate le reconnaît lui-même, au-delà des essences et apparaît comme la clef de voûte du monde des Idées, monde radicalement distinct du devenir sensible, malgré les quelques reflets du premier sur le second [15].

Nous pouvons donc en conclure, suivant sur ce point le *Banquet,* qu'un principe de natue divine joue un rôle capital dans l'éclosion de la sagesse. L'esprit bénéficie d'une aide en quelque sorte surnaturelle au moment où il s'efforce d'atteindre l'univers idéal; un passage de la *République* le reconnaît d'ailleurs lorsqu'il parle de « ceux à qui un instinct inspire l'aversion de l'injustice ou qui s'en abstiennent parce que la science les éclaire » (366 C). Cet instinct et cette science se fondent sur l'affinité ontologique qui unit l'univers idéal — et spécialement l'Idée du Bien — à l'intelligence humaine.

Si nous voulons résumer ce que ces dernières pages nous apprennent, nous dirons ceci : l'anamnèse ne s'éprouve que dans la mesure où l'être humain se soumet à une ascèse rigoureuse, qui ne consiste pas seulement en une pureté de mœurs irréprochable, mais comporte aussi l'assujettissement de l'intelligence à de nombreux exercices dialectiques, source essentielle de purification. S'il refuse de reconnaître les exigences d'une telle ascèse, l'esprit, quelque bien doué qu'il soit, ne pourra jamais atteindre l'univers idéal, il demeurera toujours incapable de jouir de l'aide du Logos et ne bénéficiera d'aucune révélation du Souverain Bien, source de toute sagesse.

[15] Sur l'immanence et la transcendance du monde idéal, nos lecteurs pourront consulter nos études : *Une métaphysique de la Relation,* in « Revue de Métaphysique et de Morale », octobre-décembre 1966, n° 4, pp. 439-462, et *L'idéalisme platonicien,* in « Revue Philosophique », janvier-mars 1970, n° 1, pp. 25-65, repris dans les deux premiers chapitres de notre livre déjà cité *Psycho-pédagogie de la lucidité.*

TABLE DES MATIERES